La critique de la positivité chez le jeune Hegel

Ouverture philosophique

Collection dirigée par
Jean-Marc Lachaud et Bruno Péquignot

Une collection d'ouvrages qui se propose d'accueillir des travaux originaux sans exclusive d'écoles ou de thématiques.

Il s'agit de favoriser la confrontation de recherches et des réflexions, qu'elles soient le fait de philosophes « professionnels » ou non. On n'y confondra donc pas la philosophie avec une discipline académique ; elle est réputée être le fait de tous ceux qu'habite la passion de penser, qu'ils soient professeurs de philosophie, spécialistes des sciences humaines, sociales ou naturelles, ou… polisseurs de verres de lunettes astronomiques.

Dernières parutions

Hélène BOUCHILLOUX, *Spinoza. Les deux voies du salut*, 2018.
Stéphane VINOLO, *Penser la foule : Freud, Sartre, Negri, Girard. La transparence est l'obstacle, II*, 2017.
Faustin LEKILI MPUTU, *Principe de charité et irrationalité, Comprendre les actions et les croyances irrationnelles*, 2017.
Alvaro VALLS, *Kierkegaard, préludes brésiliens*, 2017.
Amara SALIFOU, *Domination technologique et perspectives de libération chez Herbert Marcuse*, 2017.
Pierre-André HUGLO, *Essais de réalisme minimal. Relations, formes, singuliers*, 2018.
Miguel ESPINOZA, *La matière éternelle et ses harmonies éphémères*, 2017.
Dalia FARAH, *L'Amour : voie du bonheur chez Jean Guitton*, 2017.
Alessandro CAMPI, *Machiavel et les conjurations politiques. La lutte pour le pouvoir dans l'Italie de la Renaissance*, 2017.
Robert B. CARLISLE, *La couronne offerte, Le saint-simonisme et la doctrine de l'espérance,* Traduit de l'anglais par René Boissel, 2017.
Jean-Pierre Emmanuel JOUARD, *Passion de la pensée, Lecture de Heidegger,* 2017.

Nikos Foufas

La critique de la positivité chez le jeune Hegel

L'Harmattan

5-7, rue de l'École-Polytechnique, 75005 Paris

http://www.editions-harmattan.fr

ISBN : 978-2-343-13689-9
EAN : 9782343136899

À Anastasia Stefanopoulou
À Ioanni Foufa

Για την Αναστασία Στεφανοπούλου
Για τον Ιωάννη Φούφα

...la vie peut soigner ses blessures...

…mais le courage est plus grand que la tolérance douloureuse, parce que celui-là, même quand il succombe, il a d'abord reconnu cette possibilité d'échec et s'est ainsi consciemment rendu responsable...

G. W. F Hegel, *L'esprit du christianisme et son destin*

Remerciements

Un grand merci à mon cher ami Stefano Kotsani, qui a corrigé encore une fois plusieurs passages de ce livre. Bien plus, je le remercie parce qu'il m'a encouragé avec une grande insistance, à écrire en dehors de mes obligations purement universitaires. Je tiens également à remercier Marilena Karra, qui m'a proposé d'être attentif à l'importance des traces des tragédies de Shakespeare, dans la pensée du jeune Hegel. Finalement, je suis profondément reconnaissant à Carla Tomazini, pour tout ce qu'elle a fait pour moi.

Introduction

Dans les pages qui suivent, nous nous donnerons comme tâche d'analyser la genèse et l'évolution de la *positivité* et du *positif* dans la pensée du jeune Hegel, à savoir pendant les périodes de son séjour à Tübingen (1788-1793), à Berne (1793-1797) et à Francfort (1797-1800). En se basant sur l'idée que la positivité est au fond le concept précurseur de l'aliénation (telle qu'elle sera développée dans la pensée ultérieure de Hegel)[1] nous allons mettre la première en évidence comme la perte, de la part de l'être humain, de la maîtrise de sa propre vie et du rapport à soi-même, à la nature, la communauté humaine et Dieu. Ainsi, nous examinerons l'élaboration dans les écrits théologiques du jeune Hegel, de ces idées qui préparent jusqu'à un certain degré la notion d'aliénation de la maturité. Remarquons simplement ici les plus fondamentales : *la privation de l'autonomie du sujet et l'autonomisation de l'objet, la formation d'un être humain qui renonce perpétuellement à son droit de prendre les décisions qui concernent les affaires les plus importantes de sa vie, la consolidation d'une existence hétéronome, privée et malheureuse, la perte de la liberté humaine au profit d'une force étrangère qui s'impose de l'extérieur à l'homme ainsi que la soumission des individus à des forces et à des lois provenues originairement d'eux-mêmes, mais qui leur sont à partir d'un moment complètement hostiles et étrangères et qui finissent par les contraindre. Hegel critique également le légalisme qui s'est développé petit à petit au sein du judaïsme.* Notre souci primordial sera donc, de comprendre le déploiement de la thématique des

[1] Nous nous référons principalement à la centralité de l'aliénation dans la *Phénoménologie de l'esprit*.

puissances étrangères aussi bien que le problème de l'expansion des rapports mutilés - positifs - entre l'être humain, le monde et la nature, et la prépondérance des relations interhumaines de domination et de servitude.

Mais, quel est le sens de la religion positive pour le jeune Hegel ? Qu'est-ce qui caractérise selon lui la foi positive ? Hegel donne une définition très claire et concise dans un extrait de la période de Berne que nous allons citer :

Une foi positive est le système de principes religieux qui doit avoir pour nous une vérité pour cette raison qu'il nous est ordonné par une autorité à laquelle nous ne pouvons refuser de soumettre notre foi. Dans ce concept apparaît tout d'abord un système de principes religieux (ou de vérités religieuses) qui doivent être considérés comme vérités indépendamment du fait que nous les tenions pour vrais et qui demeureraient vrais même s'ils n'avaient jamais été connus, jamais été tenus pour vrais par quelqu'un et qui, pour cette raison, sont souvent appelés vérités objectives – mais ces vérités doivent devenir aussi vérités pour nous, vérités subjectives[2].

À partir de ce texte, nous pouvons dès maintenant constater que la positivité religieuse consiste en l'imposition à l'être humain, d'une *vérité extérieure* qui provient d'un *pouvoir objectif et étranger*. D'après Hegel, les croyants n'ont aucune participation à la formation de ce pouvoir qui pèse sur eux. La positivité oblige alors les êtres humains à se soumettre à un ensemble de principes religieux, qui n'est pas le produit de leur activité libre, autonome et subjective. C'est-à-dire qu'une scission traverse la réalité humaine, en tant qu'*imposition d'une*

[2] G.W.F Hegel, cité par Georges Lukács, in *Le jeune Hegel,* tome I, p. 98, traduit de l'allemand et présenté par Guy Haarscher et Robert Legros, Éditions Gallimard, collection « Bibliothèque de Philosophie », Paris, 1981.

vérité objective, mais étrangère à l'être humain qui est le premier concerné.

Robert Legros pose aussi la problématique des écrits théologiques du jeune Hegel, qui se présente comme une attaque théorique à la positivité et à tout ce qui sépare l'homme de la nature, du divin et de la vie communautaire, d'une façon très solide et qui peut être extrêmement utile pour la suite de notre interrogation :

> *Plus précisément comme une critique des religions positives, en particulier du christianisme et du judaïsme. Cette critique ne comprend en elle aucune mise en question de la religion comme telle, ni ne prône une subordination de la religion à une instance plus élevée. Elle n'en appelle à aucun dépassement de la religion mais au règne d'une religion non positive. C'est dans le paganisme – dans un paganisme grec interprété dans les termes d'une philosophie de la vie et présenté comme religion d'un peuple (*Volksreligion*) que le jeune Hegel découvre une religion non encore entachée par la positivité. {...} Ainsi dira-t-il au cours des périodes de Tübingen et de Berne que la religion positive est* objective *(entendons qu'elle s'impose comme un objet, c'est-à-dire comme une réalité extérieure au sujet, indépendante de celui-ci, étrangère à celui-ci), tandis que la religion non positive est* subjective *(en ce sens qu'elle est en accord direct ou en relation intime avec les exigences ou les aspirations d'une subjectivité). La religion positive, autrement dit, repose sur un principe d'hétéronomie, tandis qu'une religion non positive fait droit à l'autonomie d'un sujet, ou, plus précisément, rend possible et fonde celle-ci*[3].

Donc, nous réfléchirons longuement sur les écrits dits théologiques de Hegel pour deux raisons principales. Tout d'abord, à cause de l'idée de la séparation ternaire de

---

[3] Voir la préface de Robert Legros, *Sur l'antijudaïsme et le paganisme du jeune Hegel,* in G.W.F. Hegel, *Premiers écrits (Francfort 1797-1800)*, p. 11-12, textes réunis, introduits, traduits et annotés par Olivier Depré, Librairie Philosophique J. Vrin, collection « Bibliothèque des Textes Philosophiques », Paris, 1997.

l'homme *de la nature*, *du divin* et *de la cité* - la *πόλις* - au sens de la représentation que le jeune Hegel avait de la formation sociale et politique de la Grèce antique. Secondement, en raison des thématiques de la division, du déchirement et de l'opposition de l'homme qui caractérisent selon Hegel, le judaïsme, le christianisme et conséquemment l'Occident, ainsi que de la perte de la possibilité de réconciliation de l'homme avec la communauté humaine, le monde et Dieu.

En fait, nous voulons mettre en relief la linéarité de la pensée du jeune Hegel avec sa réflexion mature, non au sens d'une immutabilité ou d'une invariabilité de sa réflexion dans le temps, mais plutôt au sens que son édifice philosophique était tiraillé profondément dès ses premiers élaborations, par le problème de la séparation de l'homme avec le monde, par les oppositions provoquées par le déchirement constant de l'esprit et les possibilités de réconciliation de l'individu avec ce que Hegel appelait à l'époque le *destin* (*das Schicksal*). Plus concrètement, il s'agira pour nous de retracer l'émergence et la généalogie de l'aliénation chez le jeune Hegel, ainsi que les réponses données selon les différentes phases de sa réflexion. Qu'est-ce qu'il déchire l'homme d'après les écrits théologiques de jeunesse ? Pourquoi l'homme s'oppose-t-il à sa propre vie et comment le déchirement et la positivité peuvent être dépassés, afin que la réconciliation devienne effective ? Quelles réponses donne Hegel au sujet du conflit de l'homme avec le monde, et à son impuissance d'en faire partie ?

Jean Hyppolite reformule la problématique des textes théologiques du jeune Hegel dans l'orientation qui nous intéresse le plus, c'est-à-dire non simplement de la critique de la religion positive, mais celle également de l'aliénation :

Pour notre part nous ne pensons pas cependant qu'il y ait une véritable discontinuité, (dans la pensée du moins, car la présentation est bien différente), entre les Écrits de jeunesse *de Hegel,* la Phénoménologie, *et les œuvres de la maturité. C'est véritablement le problème de l'*aliénation *de l'homme – celui même que reprendront Feuerbach et Marx – que nous trouvons déjà posé dans cette étude sur le peuple juif et la tragédie du Christ. Qu'on lise avec l'attention qu'ils méritent tous les essais successifs que Hegel a écrits sur Abraham, l'ancêtre de ce peuple, on y verra avec quel soin il s'efforce de montrer comment l'homme devient capable de s'opposer à sa propre vie. Cette vie n'est pas seulement sa vie particulière, son destin particulier. En s'élevant au-dessus du présent, quand il sent sa sécurité en péril, Abraham a « devant lui » le Tout de sa vie. Il devient capable, par un phénomène de réflexion totale, de se poser lui-même en marge de cette vie, et d'apercevoir la vie universelle, le γένος, comme si elle était un Autre que lui-même. Hegel reprendra ce thème dans la* Phénoménologie *à propos de la conscience de soi. La vie, ma vie, n'est pas mienne, ou plutôt elle est à la fois en moi et hors de moi, de sorte que je conçois un « maître de la vie » et que des relations de* Domination et de Servitude *s'établissent entre Dieu et l'homme. En s'aliénant ainsi, l'homme devient capable « d'une plus haute existence que s'il était resté immobile au sein de l'immédiateté de l'Être » (Phénoménologie, traduction française, Aubier, 1939, tome 1, page 282.). L'intérêt particulier de ces textes est de nous faire découvrir les conditions concrètes de cette aliénation et les tentatives de libération de l'homme à travers des « Phénomènes » historiques comme l'histoire du peuple juif, l'apparition du Christ au milieu de ce peuple, et aussi de mêler à l'étude de ces phénomènes des réflexions philosophiques sur la vie historique de l'humanité, l'opposition historique de l'Universel et du Particulier, la* réconciliation *de l'homme avec son destin par l'amour*[4].

Donc, à travers certains extraits des écrits théologiques de Hegel des années 1790, à savoir dans un

[4] Voir l'introduction de Jean Hyppolite in Hegel, *L'esprit du christianisme et son destin*, p. VI-VII, traduit par Jacques Martin, Librairie philosophique J. Vrin, Paris, 1971.

premier moment des périodes de Tübingen et de Berne et puis de Francfort, nous suivrons la genèse ainsi que l'évolution de la positivité et du positif dans la pensée hégélienne, et nous essayerons de montrer comment la problématique de l'aliénation s'est parallèlement et graduellement développée et sous quelles formes. C'est-à-dire que nous examinerons comment le philosophe de Stuttgart pose la positivité en rapport direct avec la critique de la religion ou mieux, comment conçoit-il l'élément positif de la religion judaïque et chrétienne, comme processus de scission interne et externe de l'homme, aussi bien que comme un mouvement de désunion et de déchirement d'un être humain qui doit accepter un destin étranger et hostile à lui.

Toutefois, notre analyse ne va pas être exhaustive : nous n'allons pas commenter l'ensemble des textes hégéliens où le phénomène de la positivité apparaît ou beaucoup plus, exposer et analyser l'ensemble des problèmes théoriques, philosophiques, politiques et historiques que les écrits du jeune Hegel soulèvent. Ce qui nous intéresse essentiellement dans ces écrits, est la mise en valeur de *l'idée de la perte de certains rapports humains, de la soumission des individus à une objectivité pétrifiée et à une autorité qui leur imposent de lois complètement étrangères et tout aussi bien, la question de la tension entre l'activité libre et autonome des êtres humains et cette objectivité pétrifiée.* Bref, comme nous tenterons de mettre en lumière, il y a dans les premiers textes de Hegel, non publiés de son vivant, une tension et une opposition entre deux pôles : d'une part la conscience individuelle vivante et d'autre part, l'objectivité hostile (la positivité), morte et rigide qui s'oppose à la première et l'opprime.

La critique de la positivité dans les écrits de Tübingen et de Berne

A)1. L'énonciation de la problématique de la positivité et du déchirement de l'homme dans les écrits théologiques de la période de Tübingen

Dans ce chapitre, nous réfléchirons sur certains développements théoriques élaborés par le jeune Hegel pendant ses études de théologie au séminaire de Tübingen. Les travaux de jeunesse de Hegel sont principalement une série de notes, traitant de problèmes religieux qui sont restés dans leur ensemble inédits de son vivant[5]. Nous ne connaissions que les extraits publiés par les premiers biographes de Hegel, Karl Rosenkranz[6] et Rudolf Haym[7]. Ces textes ainsi que l'importance de la pensée du jeune Hegel, étaient mis en valeur pour la première fois d'une manière plus systématique, par Wilhelm Dilthey au tout début du 20ème siècle. En 1905, Dilthey a publié un livre sur le jeune Hegel, basé sur les manuscrits de la Bibliothèque de Berlin[8]. Quelque temps plus tard, en 1907, les œuvres théologiques du jeune Hegel ont été réunies, classées et publiées par Hermann Nohl, disciple de Dilthey[9]. Jadis l'étude de ces écrits était réalisable, de

---

[5] Néanmoins, il faut se rappeler que Hegel avait conservé ces écrits tout au long de sa vie.

[6] Karl Rosenkranz, *Georg Wilhelm Friedrich Hegel's Leben*, Berlin, 1844, *Vie de Hegel*, traduit par Pierre Osmo, Gallimard, Paris, 2004.

[7] Rudolf Haym, *Hegel und seine Zeit*, Berlin, 1857, *Hegel et son temps*, traduit par Pierre Osmo, Gallimard, Paris, 2008.

[8] Wilhelm Dilthey, *Die Jugendgeschichte Hegels und andere Abhandlungen zur Geschichte des Deutschen Idealismus*, Berlin, 1905.

[9] Voir *Hegels theologische Jugendschriften*, édition présentée par Hermann Nohl, Tübingen, 1907. Il faut rappeler que c'était Nohl lui-même, qui a donné les titres à ces différents écrits hégéliens : *Religion nationale et christianisme*, *La vie de Jésus*, *La positivité de la religion chrétienne*, *L'esprit du christianisme et son destin* et *Fragment systématique de 1800*.

même la possibilité de comprendre la naissance d'une pensée complexe et fortement originale.

Dans ces écrits réunis à titre posthume par Nohl, il y a surtout des textes qui portent sur le christianisme, son destin et son histoire[10]. Sans pouvoir entrer dans les détails de l'évolution de la pensée du jeune Hegel dans son rapport avec la théologie, principalement protestante, nous pouvons affirmer que le point de commencement de la réflexion hégélienne dans les écrits de jeunesse est théologique[11]. Tout au long des périodes de Tübingen, de Berne et de Francfort, mais notamment pendant les deux dernières, Hegel posait la question du sort de l'existence historique de l'être humain, existence perpétuellement extériorisée et en même temps déchirée[12], dans un rapport étroit avec le problème de la religion[13]. L'extériorisation et le déchirement de l'être humain sont les phénomènes, qui seront traités plus tard sous le concept de division. Hegel pose dans ses manuscrits à Tübingen et à Berne, le problème de la séparation entre la *religion objective* et la *religion subjective*, c'est-à-dire entre la théologie et la religion du cœur. Car, il essaie de répondre à la question suivante : *qu'est-ce que la positivité ?* Tandis qu'à Francfort, la question va être reformulée : *comment le*

[10] Plus exactement, il s'agit de *La Positivité de la religion chrétienne* (1795-1796), de *La Vie de Jésus* (1796) et de *L'esprit du christianisme et son destin* (1797).

[11] Il est capital de mentionner pour la compréhension de l'itinéraire intellectuel du jeune Hegel, qu'il étudie la dogmatique chrétienne et la théologie protestante dans le séminaire de Tübingen, d'où il obtiendra sa licence en septembre de 1793. Pourtant, au lieu de devenir pasteur, il décide de travailler comme précepteur à Berne.

[12] C'est pourquoi nous avons tellement insisté sur le fait que certaines thématiques des années 1790, préparent les développements de Hegel de la période d'Iéna et de la *Phénoménologie de l'esprit*.

[13] Comme nous allons le voir à la suite, le jeune Hegel va critiquer la religion judaïque, mais surtout chrétienne.

christianisme est-il devenu positif ?[14] Günter Rohrmoser explique le problème des écrits du jeune Hegel en rapport avec l'aliénation, de la manière suivante :

> *Sa formule provisoirement la plus mûre paraît dans l'écrit intitulé «* L'esprit du christianisme et son destin *» où il est question de surmonter l'aliénation du destin et de réconcilier grâce à l'esprit d'amour et de beauté. Pour en donner une formule générale, le point de départ de la philosophie hégélienne dans les œuvres de jeunesse est donc la découverte que, historiquement, socialement, spirituellement et religieusement, l'existence de l'homme ne s'appartient pas. Or l'existence qui ne s'appartient pas est en principe une existence sans liberté, un état d'abjection et d'abaissement de l'homme dans son être-homme. S'appartenir, être libre, l'existence humaine ne le peut qu'en réalisant toutes ses possibilités, tout son être*[15].

Le problème devient plus clair, lorsque Hegel met en parallèle l'histoire du christianisme et l'histoire de la Grèce antique, constatant le caractère défectueux du premier vis-à-vis de la seconde. Le christianisme est perçu par le jeune Hegel, comme une religion individuelle, comme une religion de l'homme *privé et individualiste*, contrairement à la forme politique, sociale et religieuse de la cité antique où la croyance traversait tous les niveaux de

[14] Dans un aucun cas, nous ne voulons pas sous-estimer la dimension sociale et historique des écrits de jeunesse de Hegel. Ces analyses de Hegel développées à Tübingen, à Berne et à Francfort, bien qu'elles s'inscrivent dans un horizon de critique de la religion, elles dévoilent son intérêt de plus en plus accru pour le rapport du particulier et de l'universel, ainsi que pour la formation historique de certaines formes sociales qui oppriment la subjectivité et l'individualité. Ceci dit, comme nous essayerons de montrer, le point de vue hégélien va souvent dépasser l'horizon d'une problématique purement religieuse. D'après Lukács, chez Hegel à Francfort se développe « *une dialectique historique de plus en plus vivante, celle de la genèse sociale des formes de vie « mortes », apparaissant dans la société sur un mode positif et aliéné*. Voir G. Lukács, *op.cit.*, p. 318.

[15] Günter Rohrmoser, *Théologie et aliénation dans la pensée du jeune Hegel*, p. 24, Éditions Beauchesne, Paris, 1970.

la vie. Autrement dit, le christianisme a échoué de relier le profane et le religieux. Ainsi, Hegel énonce la thématique de l'opposition du christianisme à la cité moderne et la vie bourgeoise séculière. Rohrmoser dit sur ce sujet en citant Hegel :

> « Dès qu'il y a une cloison entre la vie et la doctrine – ou même simplement une séparation et une grande distance entre les deux – il y a lieu de soupçonner que la forme de la religion est défectueuse ». *Alors que dans l'Antiquité la religion pénétrait toute la vie, publique et privée, et la rattachait à une destinée spirituelle supérieure, si bien que les émotions religieuses accompagnaient, tel un bon génie, toutes les activités, tous les accomplissements, dans le christianisme l'existence religieuse est séparée de l'existence profane, et dans le même être* « l'homme ordinaire vit à côté de l'homme spirituel, est au moins décoré par celui-ci de fleurs de rhétorique et de gestes extérieurs, homme ordinaire dans sa façon d'agir, mais tout autre le dimanche, ou parmi ses frères, ou devant son livre de prières. Souvent, ce serait être trop dur que de taxer un pareil caractère de véritable hypocrisie ; celle-ci requiert la conscience de la contradiction entre les motifs de l'action et l'enseigne dont on les pare, chez celui-là au contraire cette conscience est bien absente et l'homme n'a absolument pas d'unité »[16].

Mais, examinons de plus près certains passages d'un de premiers textes de Hegel de la période de Tübingen, rédigé en 1792-1793 avec le titre *La religion est une des affaires les plus importantes de notre vie*. Il est le seul fragment bien élaboré de la période de Tübingen. De plus, il est rédigé au même moment que Hegel était étudiant dans la faculté de théologie protestante, le fameux *Stift*[17]. Le problème central pour Hegel dans ce texte, est la fondation d'une religion à la fois populaire et rationnelle,

---

[16] G. Rohrmoser, *op.cit.,* p. 24-25.

[17] C'est en fait au séminaire de Tübingen, où le jeune Hegel rencontre pour la première fois Friedrich Wilhelm Joseph von Schelling et Friedrich Hölderlin, avec lesquels va entretenir des rapports amicaux et intellectuels très intenses, pour une certaine période.

c'est-à-dire d'une religion qui résultera de l'imagination populaire et qui ne sera pas séparée de la sensibilité des croyants, étant formelle et privée de vie. Plus exactement, Hegel procède ici à une distinction importante pour notre compréhension ultérieure de sa critique du judaïsme et du christianisme, en tant que religions positives qui divisent l'être humain. Dans l'extrait suivant, il sépare la religion en religion objective et religion subjective. Nous demandons aux lectrices et aux lecteurs d'être indulgents à l'égard de la longueur du texte que nous allons citer :

> *Discussion sur la différence entre religion objective et religion subjective ; importance de cette discussion pour toute la problématique. La religion objective est* fides quae creditur, *l'entendement et la mémoire sont les forces qui agissent en elle ; elles examinent les connaissances, réfléchissent et retiennent, ou encore les croient. Les connaissances pratiques peuvent également appartenir à la religion objective, mais dans cette mesure elle ne constituent qu'un capital mort (ein totes Kapital) – la religion objective se laisse ordonner en pensée, mettre en système, présenter dans un livre et exposer aux autres par le discours ; la religion subjective ne se manifeste que dans des sentiments et des actions – quand on dit d'un homme qu'il a de la religion, cela ne signifie pas qu'il en a une connaissance approfondie, mais bien qu'il sent en son cœur les actions, les miracles, la proximité de la divinité, que son cœur reconnaît et voit Dieu dans sa nature, dans le destin des hommes, qu'il s'incline devant Dieu, le glorifie dans ses actes, qu'il ne veille pas seulement à ce que ses actions soient bonnes ou intelligentes, mais à ce que l'idée : cela plaît à Dieu, soit le mobile de son action, souvent les plus puissants ; dès qu'il jouit de quelque chose, connaît un événement heureux, il dirige immédiatement son regard vers Dieu et le remercie. La religion subjective est vivante, agissante à l'intérieur de l'être, activité tournée vers l'extérieur* (Subjektive Religion ist lebendig. Wirksamkeit im Innern des Wesens und Tätigkeit nach außen). *La religion subjective est quelque chose d'individuel, la religion objective est l'abstraction : la première est le livre vivant de la nature, les plantes, les insectes, les oiseaux et les animaux tels qu'ils vivent les uns parmi les autres, chacun et les uns des autres, chacun vit et jouit, tous sont entremêlés, partout on rencontre tous les genres réunis, la seconde est le cabinet du*

naturaliste qui a tué les insectes, a séché les plantes, a empaillé les animaux ou les a conservés dans l'alcool, a rangé ensemble toutes les choses que la nature a séparées, ordonné seulement en fonction d'une seule fin *ce qu'elle a entrelacé en une variété infinie de fins dans un lien amical*[18].

Nous constatons que Hegel distingue très précocement deux sortes de religion. D'une part, la religion objective qui reste inerte et adéquate aux usages extérieurs de la croyance, relevant du côté du dogme, de la répétition et des règles. D'autre part, la religion subjective est une expression qui se rapporte au cœur de l'homme, à son intériorité vivante et à l'extériorité, Dieu, la nature et à tout ce qu'elle contient en elle-même. À savoir que la religion subjective fait partie de la vie et d'un rapport vivant et actif avec la divinité et ce qui entoure l'être humain, à l'encontre de la religion objective qui n'anime pas, mais elle conserve ce qui est déjà mort, de la même façon que le naturaliste va classifier les productions (mortes, ossifiées) de la nature dans son cabinet. Bien plus, le naturaliste (la religion objective) ordonne et réduit la vie (la croyance) à un système, ainsi qu'à des « formules mortes » pour employer une expression du jeune Hegel de *La positivité de la religion chrétienne*.

Un autre point intéressant est que Hegel compare la religion subjective à la nature, en tant qu'un ensemble

---

[18] G.W.F Hegel, *La religion est une des affaires les plus importantes de notre vie, un fragment de Tübingen, (1792-1793)*, p. 53-54, in *La vie de Jésus,* précédé de dissertations et fragments de l'époque de Stuttgart et de Tübingen, textes réunis et coordonnés par Ari Simhon, présentés et traduits par T. Barazon, R. Legros et A. Simhon, Librairie philosophique J. Vrin, Paris, 2009 et édition originale, *Auseinandersetzung des Unterschieds zwischen objektiver und subjektiver Religion*, G.W.F Hegel, *Frühe Schriften, Werke 1*, p. 13-14, Suhrkamp Verlag, Theorie Werkausgabe, Frankfurt am Main, 1971.

vivant où les êtres vivants parviennent à coexister en synergie et en jouissance dans l'immanence. D'après Hegel, la religion subjective « *est le livre vivant de la nature* ». Essayons de formuler ici une définition de la religion objective et de la religion subjective et de leur opposition : la première exprime la raison froide, une entité réifiée, et la seconde est la manifestation de la rencontre de l'intelligible et du sensible, de la raison et de la vie, de la raison et des sentiments. La première est limitée à la mémoire et à l'entendement, tandis que la seconde est comme le jeune Hegel note, une activité vivante tournée vers l'extérieur, proche de l'être humain. Ainsi, Hegel met en lumière une division centrale à l'intérieur du christianisme[19].

Quelques pages plus loin dans le même texte, Hegel utilise pour la première fois un concept important pour sa réflexion, celui du positif et de la positivité, qui sera une sorte de prodrome de l'aliénation. Plus précisément, Hegel critique l'idée qu'une religion populaire peut se fonder sur la raison, mais il propose que ses doctrines doivent passer par le biais de la vie et de l'action :

---

[19] Par ailleurs, il faut noter quatre choses en ce qui concerne ce passage. Premièrement, il y a l'apparition de l'opposition entre la vie et une entité pétrifiée et morte. Deuxièmement, Hegel critique ici la religion objective comme une abstraction. La critique de l'abstraction va être reprise par le penseur allemand pendant la période d'Iéna et en général, elle va être une idée qui suivra le reste de son trajet philosophique. Troisièmement, le jeune Hegel compare la religion objective au cabinet du naturaliste, à savoir à un ensemble d'êtres dépouillés de leur vie et nécrosés, qui servent uniquement à une finalité qui leur est complètement étrangère. Quatrièmement, il faut remarquer que Hegel dès ses premiers écrits se soucie de la question de l'*extérieur* et de l'*extériorité* et plus exactement, du rapport de l'être humain et de l'extérieur (*außen*).

[...] que d'autre part, des usages doivent être introduits dont la nécessité ou l'utilité s'imposent également en raison d'une foi confiante ou de l'habitude prise depuis la jeunesse, il est alors évidemment impossible que la religion populaire, si (ce qui est déjà lié au concept de religion en soi) ses doctrines doivent être réalisées dans la vie et l'action, puisse être fondée sur la simple raison. La religion positive repose nécessairement sur la foi en la tradition par laquelle elle nous est transmise, et ce n'est par suite que par ce fondement que nous pouvons être persuadés de l'obligation de croire que Dieu les exige en tant qu'ils correspondent à son bon vouloir, en tant qu'ils sont des devoirs qui s'imposent à nous[20].

La positivité chez le jeune Hegel désigne plusieurs choses, mais principalement *ce qui s'impose de l'extérieur à l'être humain*[21]. Dans le texte cité et le contexte intellectuel dont nous parlons – qui est celui de l'*Aufklärung* et du conflit entre le droit naturel et le droit positif – elle marque l'opposition entre la religion positive et la religion rationnelle ou naturelle. La religion naturelle indique le rapport de la raison humaine avec Dieu, tandis que la religion positive désigne l'ensemble des règles et des rites qui viennent de l'extérieur, pour s'imposer à un peuple dans une phase précise de son histoire. Selon

---

[20] G.W.F Hegel, *op.cit.,* p. 67-68 et édition originale, *op.cit.,* p. 24.

[21] Il est important de tirer l'attention, même brièvement, sur le sens étymologique du mot *positivité*. Pourquoi Hegel emploie-t-il le *positif* et la *positivité*, afin de critiquer le judaïsme et surtout, le christianisme dans leur évolution historique ? Positif, du latin *positivus*, signifie ce qui est posé, conventionnel ou accidentel. Par extension, nous pouvons dire que dans les écrits du jeune Hegel, le positif décrit ce qui est établi conventionnellement, par opposition à ce qui est naturel. À savoir que le monde posé par la religion judaïque et bien plus par le christianisme, est précisément le produit d'une convention ou d'un accommodement et non le fruit d'une activité libre, en rapport direct avec les désirs et la sensibilité des êtres humains. Ce monde des objets et des rapports, dont la formation Hegel met en relief et finalement critique très sévèrement, *est au bout du compte posé, reproduit et subi par les individus, à l'encontre de leur volonté. Il est en fait un monde dans lequel les conventions règnent.*

Hegel, cette positivité est nécessaire pour la conservation de la religion comme nous venons de le voir dans l'extrait cité, mais elle est au fond ambigüe, étant donné qu'elle est également un élément qui vient de l'extérieur, s'imposer et s'infiltrer dans la vie commune d'un peuple. Comme Legros note en commentant l'apparition du mot *positive* dans ce texte :

> *Mais ce donné extérieur prend tantôt l'aspect d'un élément qui, en tant que contingent, historique, relevant de la tradition ou d'une religion instituée, s'impose en extériorité à la raison (c'est là le sens qui est issu de la pensée du XVIIIe siècle, qui oppose la religion positive à la religion rationnelle ou naturelle, le droit positif au droit), et tantôt la forme d'un élément qui, en tant que rationnel ou universel, s'impose en extériorité à l'*esprit d'un peuple *– et en ce sens le positif est l'élément mort, inerte, isolé, l'élément extérieur à la vie d'une totalité*[22].

Nous voyons que les thématiques de la liberté et de la contrainte apparaissent chez Hegel pour la première fois, dans le cadre de son interrogation sur la religion et la positivité. Pour Hegel, la religion positive est le résultat d'une obéissance et de la pratique d'une croyance qui est accomplie sans la volonté et la participation active des croyants. Bien plus, il interprète « *cet élément extérieur à la vie d'une totalité* », comme un moment hostile dans la vie de la communauté, comme ce qui s'oppose à la croyance vivante. Il se peut que dans ce texte existent déjà, les germes des développements ultérieurs sur la religion judaïque et chrétienne, comme manifestations aliénées et éloignées de l'essence de la religion, que nous verrons en détail plus loin.

---

[22] Voir le commentaire de Legros en note de bas de page, in G.W.F Hegel, *La religion est une des affaires les plus importantes de notre vie, un fragment de Tübingen, (1792-1793)*, p. 67-68, in *La vie de Jésus*.

En revanche, dès ce texte Hegel met en place le problème de la liberté, en soulignant que la religion positive est une religion qui se pose comme un obstacle devant sa réalisation, contrairement à la religion populaire, comme il l'appelle dans ce manuscrit. Il est aussi intéressant de remarquer, que Hegel ne défend pas une religion rationnelle, suivant l'exemple critique des Lumières, mais il adopte une vision beaucoup plus proche d'une religion qui pourrait faire partie de la vie de la totalité, du peuple. Nous pouvons ainsi comprendre la religion positive, comme une *force étrangère qui ne permet pas un rapport vivant et sain avec le divin.* D'après Hegel, cette force infiltrée dans la vie de la totalité qui est la religion positive, peut avoir une conséquence très grave, celle de l'asservissement politique. Encore une fois, Hegel met en avant la religion populaire en tant que remède contre les effets nuisibles de la religion rationnelle, aussi bien que l'importance du cœur pour un vrai rapport avec le divin :

> *Dans une religion populaire en particulier, il est de la plus grande importance que l'imagination et le cœur ne soient pas insatisfaits, que l'imagination soit remplie de grandes et pures images et que les sentiments plus bénéfiques s'éveillent dans le cœur. Que celui-ci et l'imagination reçoivent une bonne direction est d'autant plus important pour la religion dont l'objet est si grand, si sublime, où ils se fraient tous deux trop facilement leur propre chemin ou se laissent induire en erreur ; soit que le cœur égaré par des représentations fausses et par la recherche de sa propre facilité, s'accroche aux choses extérieures ou trouve à s'alimenter de sentiments bas et de fausses humilités et croit servir Dieu de cette manière, soit que l'imagination* [Phantasie] *établisse une liaison de cause à effet entre des choses dont la succession est simplement accidentelle, et se promette, à l'encontre de la nature, des effets extraordinaires. L'homme est un être si varié que l'on peut tout en faire ; le tissu de ses sentiments, tissu dont les fils s'entrecroisent d'une manière tellement variée, a des extrémités tellement multiples que tout peut y être noué – si l'une des extrémités ne convient pas, une autre s'y prête. Voilà pourquoi l'homme a été capable des plus*

stupides superstitions, du plus grand esclavage hiérarchique et politique. Entrelacer ces beaux fils en un beau ruban conformément à leur nature : voilà ce qui, par excellence, est la tâche de la religion populaire. La religion populaire se distingue de la religion privée principalement en ce que le dessein de la première, quand elle agit puissamment sur l'imagination et le cœur, est de donner à l'âme la force et l'enthousiasme – de lui inspirer l'esprit qui est indispensable à la grande et sublime vertu[23].

Ainsi, nous trouvons ici une première esquisse de la réflexion et de la thèse hégélienne que nous rencontrerons aussi dans les écrits théologiques de la période de Francfort, c'est-à-dire que la religion positive est aux fondements de *l'hétéronomie*, de *l'obscurantisme* et de *l'asservissement de l'être humain*. Hegel conçoit le vrai sentiment religieux, comme un synonyme de la liberté et de l'enthousiasme, d'un rapport vivant partagé par toute la communauté, liant les membres entre eux, au lieu de les séparer et de se contenter de s'imposer dès l'extérieur comme un impératif étranger et comme une autorité.

Donc, la religion positive cultive la superstition parmi les individus, étant donné qu'il s'agit en réalité d'une séparation entre la conscience des croyants et les rites ou les dogmes de la religion, qui ne proviennent pas d'eux et qui sont obligés à suivre. En d'autres termes, pour Hegel la religion peut avoir la forme d'un corps, d'un élément étranger qui pèse sur la conscience humaine comme un impératif, à la place d'être une force de vie et d'union. Nous estimons qu'avec la première esquisse de la positivité et dans le cadre de la critique de la religion « *du*

---

[23] G.W.F Hegel, *op.cit.*, p. 75-76 et édition originale, *op.cit.*, p. 30-31. Il faut souligner en passant le fait – même si la religion privée l'utilise à son profit et pour asservir les croyants – que le jeune Hegel conçoit l'être humain, *comme un complexe de multiplicités changeantes*. À son tour, la positivité (ou la religion privée) essaie constamment d'immobiliser ces multiplicités, afin de soumettre l'intériorité vivante de l'être humain.

cabinet », il y a dans ce fragment la forme initiale de l'idée qu'une instance étrangère, non créée par l'être humain et extérieure à lui s'impose à sa conscience, ayant un impact très nocif. Nous retrouverons les idées de la critique de l'obéissance à une loi extérieure et de la croyance à une autorité, beaucoup plus développées dans *La vie de Jésus* et dans *L'esprit du christianisme et son destin.*

Vers la fin de ce texte, Hegel s'oppose au caractère actuel de la religion rationnelle, partant de la thèse qu'elle tente perpétuellement de pousser les êtres humains vers la transcendance, oubliant l'immanence et le présent, étant coupée de la vie quotidienne et des sentiments des croyants. Nous devons remarquer ici l'apparition de l'opposition, entre la religion chrétienne et le rôle de la croyance dans la vie sociale des Grecs anciens, ou en général cette antithèse entre d'un côté, le christianisme et la société civile moderne et de l'autre côté, la Grèce antique qui trouvera son point culminant dans les écrits de Francfort. Hegel écrit sur ce sujet :

Dès que la doctrine est coupée de la vie par une cloison ou dès que doctrine et vie sont simplement séparées et fortement éloignées l'une de l'autre (Sobald eine Scheidewand zwischen Leben und Lehre oder nur Trennung und weite Entfernung beider voneinander ist), alors apparaît le soupçon que la forme de la religion est défectueuse – soit qu'elle attache trop d'importance aux verbiages, soit qu'elle ait à l'égard des hommes des exigences exagérées et bigotes, qu'elle soit en opposition avec les besoins naturels des hommes, avec les pulsions d'une sensibilité bien ordonnée - τῆς σωφροσύνης - ou encore qu'elle réunisse ces deux défauts. Si les joies et la gaîté doivent rendre les hommes honteux de la religion, si celui qui s'est amusé à une fête publique doit rentrer dans un temple en se cachant, c'est que la forme de la religion présente un aspect trop morne pour pouvoir s'attendre à ce que l'on renonce, pour satisfaire à ses exigences, aux joies de la vie. Elle doit séjourner amicalement parmi tous les sentiments de la vie, de ne pas vouloir s'imposer, mais être partout la bienvenue. Si la religion doit être à même d'influencer le peuple, elle doit accompagner l'homme aimablement et partout, être à ses côtés aussi bien que dans les affaires et les situations sérieuses de sa vie que dans les fêtes et les joies – mais non comme si elle semblait s'imposer et devenait une institution autoritaire mais en étant celle qui guide et encourage. Toutes les fêtes populaires grecques étaient en somme des fêtes religieuses, en l'honneur d'un Dieu ou d'un homme divinisé pour avoir bien mérité de l'État[24].

Le jeune Hegel insiste de nouveau sur l'opposition et le caractère oppresseur de la religion dans son état actuel. Autrement dit, il met graduellement en relief à partir de cet extrait, la question de la réconciliation de l'homme avec lui-même et le monde qui l'entoure et vis-à-vis de qui, il se sentait éloigné à cause du caractère morne de la religion positive. D'après Hegel de la période de Tübingen, l'homme doit être rempli par la religion et être uni grâce à elle au monde. Plus exactement, le problème se pose dès que la doctrine religieuse se détache de la vie et l'exigence hégélienne consiste en la réconciliation des joies de la vie avec la religion, comme c'était le cas chez les Grecs. Nous pouvons ici déceler, les thématiques à la fois de l'aliénation et du déchirement qui sont petit à petit en train de se formuler. Selon Hegel, le problème dans le cas du christianisme réside dans son conflit interne et indépassable entre les institutions politiques et la religion. Le jeune penseur commence alors à élaborer cette critique sur la religion positive, du point de vue et du prisme de la subjectivité opprimée d'un peuple.

---

[24] G.W.F Hegel, *op.cit.,* p. 87-88 et édition originale, *op.cit.,* p. 41. Hegel s'exprime dans un autre passage d'une façon très négative à l'égard des cérémonies chrétiennes, comme étant l'antithèse des fêtes populaires grecques : « *Ceci est l'action de la mort. L'homme cherche à devenir entièrement objet, à se laisser diriger complètement par quelque chose d'étranger. Ce service s'appelle la dévotion* ». G.W. F Hegel, cité par G. Lukács, in *op.cit.,* p. 112.

Comme nous allons le voir à la suite, cette subjectivité était acquise et développée dans la Grèce antique où les éléments politiques, religieux et artistiques étaient unis et agencés d'une façon harmonieuse[25]. Pour Hegel, les Grecs retrouvaient leur subjectivité et leur rapport avec le monde, à travers leur religion dans l'espace public, « *non comme si elle semblait s'imposer et devenait une institution autoritaire mais en étant celle qui guide et encourage* ». Ainsi, nous avons affaire à l'idée de l'éloignement de l'être humain du monde social et des institutions qui l'entourent et beaucoup plus, au caractère foncièrement hostile de ces dernières. Cette dimension de l'étrangeté formée par la religion positive, est remarquée quelques lignes plus loin par Hegel :

> *La religion populaire, qui engendre et nourrit les grandes dispositions, va main dans la main avec la liberté. Notre religion veut transformer les hommes en citoyens du ciel, en hommes dont le regard est toujours dirigé vers le haut, et par là même en hommes qui sont devenus étrangers aux sensations humaines* (und darüber werden ihnen menschliche Empfindungen fremd). *Pendant notre plus grande fête publique, on s'approche pour consommer le don sacré en vêtements de deuil, et le regard baissé – pendant la fête, qui devrait être celle de la fraternisation universelle, certains ont peur d'attraper au contact du calice fraternel l'infection vénérienne de celui qui vient d'y boire, et dès lors leur esprit ne peut être attentif, ne peut être préoccupé par des sentiments sacrés, et pendant l'office ils doivent sortir l'offrande de leur poche et la poser dans l'assiette, alors que les Grecs, couronnés de fleurs, vêtus des couleurs de la joie, répandant la bonne humeur par leurs visages ouverts qui invitaient à l'amour et à l'amitié, s'approchaient de l'autel de leurs dieux généreux avec les présents joyeux de la nature. L'esprit d'un peuple, l'histoire, la religion, le degré de liberté politique de ce peuple ne se laissent pas*

[25] Une question intéressante est la correspondance de la réalité sociale et historique des formations grecques, avec la représentation idyllique que le jeune Hegel se fait de la Grèce antique. En d'autres termes, est-ce que cette totalité harmonieuse dont Hegel parle, a véritablement existé ? Pourtant, ce problème fort complexe dépasse les limites de notre propos et à vrai dire, nos propres compétences théoriques.

considérer isolément, ni d'après leur influence mutuelle ni d'après leur constitution ; ils sont tressés ensemble en un seul lien – semblables à trois confrères dont aucun ne peut faire quelque chose sans les deux autres mais dont chacun accepte quelque chose des autres. Former la moralité des hommes pris individuellement est l'affaire d'une religion privée, des parents, de ses propres efforts et des circonstances ; former l'esprit d'un peuple est, pour une part, aussi l'affaire de la religion du peuple, pour une part des rapports politiques[26].

Pour comprendre ce passage, nous devons retenir certains éléments. D'abord, il s'agit d'un texte extrêmement important parce que plusieurs thèmes centraux pour la réflexion du jeune Hegel y apparaissent, mais en un niveau encore rudimentaire. Ce sont les suivants : l'usage du terme « positif »[27], l'entrelacement et la liaison profonde entre la religion et la vie politique d'un peuple, l'opposition entre le christianisme et la vie civique grecque, et le plus important pour notre étude sur Hegel, l'annonciation de la problématique de l'aliénation.

Plus précisément, ce qui émerge dans cette sorte de dissertation critique sur la religion positive, est la topique *d'une extériorité qui s'éloigne de la sensibilité et de la subjectivité de l'être humain.* L'être humain est divisé entre l'immanence et la transcendance, entre un ici-bas et un au-delà. Pour répéter un lieu commun, Hegel est ici en train d'élaborer sa propre pensée, cela veut dire que plusieurs éléments prendront une autre configuration et s'affirmeront d'une autre façon quelques années plus tard dans la *Phénoménologie de l'esprit*. En fait, il conçoit l'extériorité et le dehors comme une imposition, « *une*

[26] G.W.F Hegel, *op.cit.*, p. 88-89 et édition originale, *op.cit.*, p. 41-42.

[27] Il faut également mentionner que Hegel emploie dans ce texte, le terme « *religion populaire* », tandis qu'auparavant il parlait de la *religion subjective.*

institution autoritaire » sous la forme religieuse et sociale d'une croyance à des rites et à des dogmes-règles, qui découpent l'individu d'un rapport joyeux et épanouissant avec le monde, la société et son propre être. L'individu qui est formé par la religion positive n'a pas accès, ni à la fraternisation ni à l'amour. La religion devrait pouvoir unir l'homme à lui-même et à la cité, comme c'était le cas dans la Grèce antique, au lieu de l'en séparer comme cela est produit dans le christianisme[28].

Donc, il est possible de soutenir que la positivité, en tant que concept critique d'une religion qui rend les hommes étrangers à leurs propres sentiments et en tant qu'extériorité qui parvient à se séparer de l'être humain ainsi qu'à l'inciter à contempler l'au-delà, est une des premières expressions dans la pensée hégélienne de ce rapport fondamental entre le sujet et l'objet, du processus nécessaire d'extériorisation de la conscience humaine et de perte de soi, qui sera décrite plus tard par la notion d'aliénation.

A)2. La période de Berne

Après l'achèvement de ses études à Tübingen et pendant la période où Hegel était précepteur à Berne

[28] Lorsque le jeune Hegel parle « *de la fraternisation universelle* » semble être influencé – en même temps que par la Grèce antique – par la Révolution française, qui a posé la fraternité humaine comme une de ses priorités. À son tour, Lukács dans son livre *Le jeune Hegel* va proposer la thèse que la formation de la dialectique hégélienne est influencée d'une façon décisive par l'évènement de la Révolution française : selon le philosophe marxiste, Hegel découvre dans la Révolution française les tensions entre les individus et l'objectivité sociale-historique, tout aussi bien que chacun de ces deux pôles est indissociable de l'autre.

(1793-1796), il a rédigé un texte apparemment achevé, *La vie de Jésus* (*Das Leben Jesu*), une sorte d'opuscule resté inédit de son vivant. Jésus dans cet écrit est privé de toute pratique miraculeuse et de tout statut surnaturel. En revanche, Hegel est à présent très imprégné de la morale kantienne et de l'idée que l'être humain peut atteindre le divin, à condition qu'il respecte la raison existante en lui-même. Pour le jeune Hegel, le divin est identique à la raison. En fait, il critique l'élément positif en le trouvant dans la religion judaïque et les Pharisiens, mais aussi dans chaque élément qui est étranger à la raison et conséquemment au divin et qui essaie de s'imposer à l'être humain, comme la tradition ou l'Église. Hegel interprète d'un regard très critique le judaïsme comme le synonyme d'un légalisme, en d'autres termes dans le langage des Lumières, comme une religion positive. Il critique les Pharisiens et leur attitude contre laquelle s'oppose Jésus, comme une croyance et une obéissance aveugles à des rites et à des lois extérieures et mortes, qui ne nécessitent pas la véritable participation des croyants. Ainsi, il y a une continuité entre le texte précédent de la période de Tübingen que nous avons commenté et *La vie de Jésus* de Berne, où Hegel critique l'élément positif du christianisme, à savoir cette instance qui impose de l'extérieur sur l'être humain un rapport particulier au monde, aux autres et au divin, situation qu'il le mène à une sorte de séparation de ces trois sphères.

Dans notre questionnement sur les premières manifestations dans la pensée du jeune Hegel, du concept d'aliénation et d'un étrangement vécu par la conscience humaine à l'égard du monde qui l'environne – le *monde* peut avoir un sens plurivoque dans la réflexion de Hegel dans cette étape, indiquant comme nous allons le voir plus loin l'éloignement de l'être humain de la cité, la déchéance des rapports humains et la séparation du divin – nous analyserons trois extraits de *La vie de Jésus*.

Plus exactement, dans ce texte où Hegel insiste sur la coexistence intense entre le divin et la raison[29], il s'agit pour lui de mettre en opposition deux conceptions contradictoires de la religion et de la croyance, ou du divin. Hegel critique d'une part, l'esprit du judaïsme comme profondément attaché aux rites et au côté extérieur d'une croyance et d'autre part, il met en lumière l'esprit de Jésus qui insiste sur l'aspect personnel et intérieur de la

[29] Pour mettre en lumière cet aspect du texte, citons l'extrait suivant : « *L'homme en tant qu'homme, répliqua Jésus, n'est pas simplement un pur être sensible. Sa nature ne se borne pas seulement à son appétit de jouissance. Il y a aussi en lui de l'esprit ainsi qu'une étincelle de l'être divin ; Il a reçu en héritage la part de tous les êtres doués de raison. De même que tu entends siffler le vent et que tu sens son souffle, mais que tu es impuissant face à lui, ne sais d'où il vient ni où il va, de la même façon irrésistible tu ressens intérieurement cette faculté autonome et inébranlable ; cependant la manière dont elle est liée à l'âme humaine, par ailleurs soumise au changement, comme celle par laquelle elle peut exercer sa domination sur les facultés sensibles, nous sont inconnues. {...} Et comment puis-je vous demander de croire cela sur mon témoignage, si vous n'accordez aucune attention au témoignage intérieur de votre esprit, à cette voix céleste ? Car elle seule, dont la source est au ciel, est à même de vous renseigner sur ce qui est besoin supérieur de la raison ; seule la foi en elle et l'obéissance envers elle permettent de trouver le calme et la grandeur véritables, ainsi que la dignité humaine. Car la divinité a distingué l'homme du reste de la nature au point qu'elle l'a animé du reflet de son être, et l'a doté de raison. Seule la foi en elle permet à l'homme de remplir sa haute destinée. Elle ne condamne pas les penchants naturels mais les guide et les ennoblit. Seul celui qui ne lui obéit pas, et ainsi se juge lui-même, méconnaissant cette lumière, ne l'ayant pas nourrie en lui, montrant ainsi de quel esprit il est le fils, se dérobe à l'éclat de la raison qui ordonne la moralité comme devoir ; et ses œuvres mauvaises se soustraient à cette illumination qui [autrement] la remplirait de honte, de mépris envers soi-même et de repentir* ». Voir G.W.F Hegel, *La vie de Jésus*, p. 104-105.

croyance et sur la loi du cœur. Dans l'extrait suivant, Jésus s'oppose à l'esprit des Pharisiens qui obéissent constamment aux lois morales, contrairement à lui qui suit sa voix intérieure :

> *Je m'en tiens seulement à la voix authentique de mon cœur et de ma conscience. Celui qui l'écoute attentivement est illuminé par sa vérité. Ce que j'exige seulement de mes disciples est d'écouter cette voix. Cette loi intérieure est une loi de liberté à laquelle l'homme se soumet volontairement car il se la donne à lui-même. Vous, vous êtes esclaves, car vous êtes soumis à une loi extérieure à vous-mêmes, et qui n'a pas, pour cette raison, le pouvoir de vous arracher, par respect pour vous-mêmes, au service des inclinations*[30].

Dans cet extrait, nous repérons plusieurs thématiques importantes pour la pensée du jeune Hegel. Premièrement aux yeux du jeune Hegel, Jésus est celui qui fonde une morale sur la liberté, rejetant une loi qui s'appuierait sur une autorité externe à l'être humain. Deuxièmement, la question de la liberté et de la possibilité de sa réalisation dans le monde social-historique qui est centrale pour le penseur allemand et troisièmement, la question de la servitude humaine. Hegel s'en sert du personnage de Jésus privé de toute transcendance, pour expliquer que la vraie croyance est fondée sur *une unité de la raison et des sentiments*, sur une union volontaire comme il précise, et non sur un impératif catégorique. Cet impératif dans le contexte présent est le judaïsme et en extension le christianisme, qui remplacent cette union par la mentalité et la pratique de l'obéissance et de l'inclination à un principe extérieur[31].

---

[30] G.W.F Hegel, *op.cit.,* p. 133-134.

[31] La critique de la transcendance traverse d'une façon constante la réflexion du jeune Hegel, dès la période de Tübingen et jusqu'aux écrits de Francfort. Le judaïsme et le christianisme sont les manifestations et les cristallisations les plus criantes et les plus solides du pouvoir que cette transcendance exerce sur la vie humaine. Cela

De ce fait, la religion devient le moyen de la réalisation d'une servitude humaine beaucoup plus vaste et universelle, puisque les humains sont en quête d'une justification de leur existence devant un Dieu qui leur est étranger, reconnu exclusivement par le biais des dogmes et des rituels qui prennent la forme de lois morales. Pour Hegel des périodes de Berne et de Francfort, la vie religieuse et la vie politique font partie de la même problématique, c'est-à-dire de la critique de la tyrannie politique et de la servitude religieuse. Bernard Bourgeois dans son livre *Hegel à Francfort, Judaïsme, christianisme, hégélianisme*, insiste sur les rapports qu'il y a chez le jeune Hegel entre l'obéissance religieuse et l'esclavage politique imposé aux êtres humains depuis des siècles, pratiquement depuis l'effondrement des cités antiques. Selon lc Jésus de Hegel, les Juifs sont esclaves parce qu'ils obéissent à une loi qui ne vient pas d'eux-mêmes, donc, ils vivent dans l'état d'une hétéronomie profonde. Bernard Bourgeois constate cette croyance, qui mène à l'obéissance à une loi étrangère et hostile, ainsi qu'à la servitude générale de l'être humain à quelque chose qui lui échappe, cette fois à un Dieu sous le visage d'une loi morale qu'il faut impérativement suivre :

Le Romain, à qui la liberté avait été ravie, ne pouvait donc adorer qu'un Dieu radicalement autre *que lui, étranger à lui, un* Objet *extérieur et supérieur à lui, c'est-à-dire un* Maître. *Le culte de ce Maître devait nécessairement être une religion déterminant la pensée et l'action de l'homme d'une façon autoritaire, c'est-à-dire une* religion positive. *Une époque de despotisme universel ne pouvait se*

---

dit, la vie humaine est dépouillée et sacrifiée à un au-delà. Bien plus, l'être humain doit régler aveuglement sa conduite selon certains impératifs qui lui sont définitivement extérieurs. De là, il y a un premier désaccord de la part de Hegel avec la validité de la conception kantienne de l'impératif catégorique.

savoir et se justifier que dans et par le despotisme spirituel d'une religion positive[32].

Nous remarquons que Hegel critique à travers les paroles de Jésus, un esprit partagé par les deux religions positives, le christianisme et le judaïsme, à savoir l'esprit d'assujettissement de l'être humain à un Dieu transcendant, séparé de la réalité historique et de la subjectivité humaine. En d'autres mots, ce sont les religions positives qui ont réalisé le déchirement de l'homme, ou au moins l'ont perpétué, comme *loi morale ou altérité absolue qu'il doit subir, ou comme un destin étranger à lui*, comme nous verrons dans notre analyse qui portera sur *L'esprit du christianisme et son destin*. Nous pouvons à ce point distinguer, l'idée centrale qui lie les différents problèmes pour Hegel, dès la période de Berne, à savoir la transformation de Dieu, de l'État et de la vie communautaire à des forces, des instances séparées et hostiles à l'être humain. Bernard Bourgeois pose ce problème au début de son livre d'une manière très pertinente :

Le monde actuel n'est plus, en effet, pour Hegel, Hölderlin, Schelling et leurs camarades du séminaire, un « chez-soi » *pour l'homme. Celui-ci y vit replié sur lui-même, séparé, non-libre, déchiré plus précisément entre les exigences des deux « ailleurs » que sont pour lui l'Etat et le Ciel, des « ailleurs » qui le sont aussi l'un pour l'autre, bien qu'ils s'entendent parfaitement pour opprimer l'homme. La vie présente est donc la négation de toute harmonie, de toute unité, elle est la vie religieuse dans l'absolue séparation : séparation de la vie religieuse et de la vie politique, séparation dans la vie politique entre les gouvernants et les gouvernés, séparation dans la vie religieuse entre Dieu et l'homme, entre les hommes eux-mêmes puisque la religion chrétienne existante est essentiellement une religion privée. Il n'y a plus de religion du peuple, il n'y a plus de*

---

32 Bernard Bourgeois, *Hegel à Francfort, Judaïsme, christianisme, hégélianisme*, p. 14, Librairie Philosophique J. Vrin, collection « Bibliothèque d'Histoire de la Philosophie », Paris, 2000.

peuple, et c'est pourquoi l'homme, isolé en lui-même, rencontrant partout un Autre qui le limite et le domine, se sent pris dans des « chaînes d'airain »[33].

Selon Hegel, la limitation par cet *Autre* qui aliène l'être humain, le prive aussi de sa liberté. C'est pour cela que son objectif dans ses écrits de jeunesse, est une tentative de reformation et de transformation qui touche à la fois la religion, la théologie et la politique, visant comme la Révolution française et les Lumières, la liberté de l'être humain, et qui est inspirée par la restauration dans le présent de l'idéal de la Grèce antique et de sa vie communautaire[34]. En d'autres termes, pour le jeune Hegel, la libération politique est un moment de la liberté religieuse, plan qui doit être réalisé par l'éloignement des principes des religions positives et par un renouvellement du germe de la *πόλις* grecque. Selon Bernard Bourgeois :

Pour Hegel, en effet, « lorsqu'il est question de la façon dont on peut agir sur les hommes, il faut les prendre comme ils sont » et les conduire, de façon continue, par un intermédiaire, à l'idéal qu'on

---

[33] *Ibid.*, p. 10.

[34] Il faut noter que pour Hegel pendant la période de Berne, l'Antiquité grecque est considérée comme un modèle social, politique et religieux à imiter. Toutefois, à partir des textes de la période de Francfort cette vision de la Grèce, et de son rôle dans l'état présent de l'histoire humaine cesse d'exister. Pareillement et puisque nous nous appuyons sur l'analyse lukácsienne de la pensée du jeune Hegel, il ne serait pas inintéressant de mentionner que Lukács aussi pendant sa jeunesse, sans doute à travers la lecture des éditions des textes hégéliens de Dilthey et de Nohl – surtout dans sa *Théorie du roman*, publié en 1916 – mettait en perspective la différence entre la Grèce antique et la modernité, c'est-à-dire d'une part, la forme épique et d'autre part, le roman. Pour le jeune Lukács, l'hellénisme était la réalisation mondaine de la rencontre de l'essence et de la vie ou de l'harmonie et de la vie. Ce qui déterminait le monde grec, était l'immanence et l'absence de scissions. Pourtant, comme Hegel de même Lukács va par la suite, se différencier de cette vision idyllique de l'Antiquité grecque.

veut voir se réaliser en eux. L'homme existant identifiant son être intime à son être religieux, c'est à l'intérieur de la religion existante – c'est-à-dire de la religion chrétienne – qu'il s'agit d'opérer le passage de la servitude à la liberté. Désormais, le thème religieux ne sera pas traité par Hegel à part du thème politique, puisque le projet d'élaboration d'une religion de la liberté concrète s'intègre, à titre de condition non exclusive, mais fondamentale, dans le projet humaniste de restauration de la polis *antique, qui anime la réflexion du jeune Hegel*[35].

Ainsi et pour revenir à *La vie de Jésus*, Hegel pense la soumission même dans le cadre religieux, comme l'obéissance à la loi d'une altérité, donc comme impossibilité d'un être humain de se donner à lui-même ses propres lois. L'être humain pour Hegel, si nous tirons son argument jusqu'à l'extrême, doit être libre de ce qui lui est imposé du dehors. Le point intéressant est qu'il transpose cet élément du cadre politique, pour le relier à la question religieuse. La scission provient du fait, que ces deux éléments sont enchevêtrées d'une façon incomplète et résultant à l'existence d'un Dieu étranger, à une existence humaine tiraillée entre l'au-delà et l'ici-bas, à la formation d'un être humain hétéronome et à une réalité fondée sur un impératif, à savoir une sorte d'esclavage.

À travers la thématique de l'opposition entre d'un côté, l'homme croyant et de l'autre côté, l'impératif et les lois morales qui viennent de l'extérieur, nous discernons les premières réflexions de la pensée hégélienne sur le rapport entre le sujet et l'objet et l'aliénation qui mèneront à la *Phénoménologie de l'esprit*, où il s'agira d'un processus nécessaire de la conscience humaine, en vue de sa réalisation en tant que *conscience de soi*, *concept* et *esprit absolu*. De plus, nous estimons qu'il y a ici une première esquisse de ce qui deviendra la problématique du maître et du serviteur, au sens où le maître est le sujet et le

[35] B. Bourgeois, *op.cit.*, p. 11.

serviteur est l'objet dans une relation de déchirement, de division et de conflit. Certes, dans le contexte de la période de Berne, il est plutôt question d'un maître, Dieu ou la religion qui chosifient l'être humain, parce qu'ils exigent son obéissance. Dans *La vie de Jésus* et *L'esprit du christianisme et son destin*, Hegel ne diagnostiquera pas simplement le problème du christianisme qui se prolonge dans la vie politique, comme religion de scission qui écrase l'être humain, mais il essayera de formuler certaines réponses en vue d'une réconciliation de l'être humain avec le monde. Cet esprit de réconciliation est déjà présent chez Hegel dans *La vie de Jésus*, comme élément qui doit exister dans la vie et l'esprit humains, néanmoins dans un état plus rudimentaire et ayant une nuance plus morale. D'après Hegel :

> *Grâce à cette image, vous voyez que la conciliation est le signe d'une disposition d'esprit purifiée qui est, en regard de l'action souvent déficiente, la seule à être reconnue comme parfaite par la sainte divinité ; elle est la seule condition, condition de devenir d'autres hommes grâce au changement de disposition, qui vous permette d'espérer être affranchis par la justice éternelle du châtiment que vous méritiez par votre conduite antérieure*[36].

Vers la fin du texte, Hegel insiste non sur la loi morale, mais sur la loi du cœur par laquelle les amis de Jésus sont distingués :

> *Mes chers, votre ami aura bientôt accomplie sa destinée. Le Père des hommes va l'accueillir dans les demeures de sa félicité. Il ne tardera pas longtemps avant que je vous sois arraché. Comme testament, je vous laisse le commandement de vous aimer les uns les autres et l'exemple de mon amour pour vous. Ce n'est que par cet amour mutuel que vous devez vous distinguer comme mes amis*[37].

[36] G.W. F Hegel, *La vie de Jésus*, p. 138.
[37] G.W.F Hegel, *op.cit.*, p. 176.

Quelques pages plus loin, Hegel retourne de nouveau au thème de l'amour en disant quelque chose de très significatif pour notre propos :

> *Mon amour pour toi a conduit vers moi des amis qui ont appris à comprendre que je n'ai rien voulu imposer d'étranger ou d'arbitraire aux hommes, mais que je leur ai enseigné ta loi qui, méconnue des hommes, loge calmement dans le cœur de chacun. Mon intention fut non pas d'accéder à la gloire par quelque chose de propre ou de remarquable mais de rétablir le respect perdu envers l'humanité déchue – et le caractère universel des êtres doués de raison, la prédisposition à la vertu reçue en partage par tous tel fut mon orgueil*[38].

Donc, dès la période de Berne la thématique de l'amour apparaît comme l'élément d'unification et le moyen de restaurer les rapports entre les êtres humains, faisant distinguer Jésus du destin du peuple juif, destin d'une vie brisée et séparée du divin et hostile envers la vie terrestre. Les éléments de l'amour et de la réconciliation émergent dans la pensée hégélienne dès *La vie de Jésus*, pour qu'ils deviennent beaucoup plus centraux pendant la période de Francfort et dans le reste des écrits théologiques publiés par Nohl, indiquant en fait l'élaboration graduelle de la dialectique. La problématique de la période de Berne et encore plus, celle de Francfort sur l'amour et la réconciliation ne disparaîtra chez Hegel de la maturité, comme nous le rappelle Hyppolite en commentant ces écrits :

> *Mais la belle âme elle-même, qui refuse tout destin, c'est-à-dire précisément tout engagement dans le monde, subit comme nous l'avons vu le plus tragique des destins ; dans cette séparation elle découvre son destin, et ne peut parvenir à se réconcilier. Cependant le Christ dont « l'innocence n'est pas incompatible avec le plus grand péché » reconnaît son propre destin dans cette opposition du monde qui lui est devenu étranger, et il la surmonte par l'amour,* - amor fati,

[38] G.W. F Hegel, *op.cit.*, p. 179-180.

*réconciliation de l'homme et de son destin par l'amour - telle est la vérité philosophique que Hegel dégagera du christianisme et qu'exprime, sous une forme encore empruntée à l'imagination, la résurrection du Christ, sa victoire sur la mort, l'*aufhebung *et le pardon des péchés – l'unité de l'universel et du particulier, comme le montrera la dialectique de la* Phénoménologie *(45). Cf. en particulier,* Phénoménologie, *tome II, page 198. Il semble qu'à partir de la* Phénoménologie, *Hegel va chercher de plus en plus dans la Philosophie – la pensée effective de la réconciliation – ce qu'il demandait dans sa jeunesse à la religion d'un peuple*[39].

Ainsi, nous avons affaire à une tentative du jeune Hegel de remettre la critique adressée par l'*Aufklärung* à la religion, sur une base différente et une perspective nouvelle, bien qu'il utilise des concepts pareils que les représentants des Lumières, comme le positif ou la liberté. La liberté pour Hegel, dans cette étape de sa réflexion ne constitue pas l'autonomie de l'individu face à une altérité, mais elle désigne plutôt la capacité de l'être humain de participer au destin de sa propre communauté et de son temps.

Nous voulons récapituler sur certains éléments qui font partie de ce texte, afin de passer à d'autres points de la période de Berne. En premier lieu, il y a l'accentuation par Hegel dans ce texte, de la notion du positif comme ce qui s'impose de l'extérieur à la raison humaine. Hegel conçoit l'histoire comme le lieu de la séparation, du déchirement et plus exactement, de la contrainte sous la forme du légalisme, de l'obéissance aux lois extérieures qui ne proviennent pas de la raison humaine et conséquemment du divin. Autrement dit, l'être humain est en opposition avec sa propre existence, puisqu'il suit le chemin de la loi extérieure et de la contrainte morale. Par ailleurs, comme nous l'avons déjà noté, la problématique

---

[39] Jean Hyppolite, *Introduction à la philosophie de l'histoire de Hegel*, p. 63-64, Éditions Marcel Rivière et Cie, Paris, 1968.

de la contrainte peut être perçue comme une première expression de la thématique du maître et du serviteur. Hyppolite écrit sur ce sujet :

Si nous ne considérons plus ce problème sous son aspect théorique mais sous son aspect pratique nous découvrirons encore une autre opposition incluse en lui : c'est celle de la contrainte *et de la* liberté, *et c'est cette dernière opposition qui nous paraît importante pour le lecteur de la* Critique de la raison pratique *et de la* Religion dans les limites de la simple raison. *« Une religion positive, dit Hegel, implique des sentiments qui sont plus ou moins imprimés par contrainte dans les âmes ; des actions qui sont l'effet d'un commandement et le résultat d'une obéissance et sont accomplies sans intérêt direct (5) ». Nohl, p. 139. C'est à propos de cette positivité que Hegel pense pour la première fois la relation de «* Maître et d'esclave *». Dans une religion positive, l'homme est un esclave devant Dieu, il obéit à des commandements qui sont pour lui étrangers à sa volonté et à sa raison. En d'autres termes dans une religion positive il y a une extériorité pour la raison pratique. L'homme n'est pas libre, il subit une loi qu'il ne s'est pas lui-même donnée. De même que pour la raison théorique le positif représente ce qui s'impose de l'extérieur à la pensée et qu'elle doit recevoir passivement, de même pour la raison pratique, le positif représente un ordre et implique entre Dieu et l'homme un rapport de maître à esclave*[40].

Hyppolite insiste également sur la question de la positivité de la religion chrétienne, comme marque distinctive de soumission et d'obédience à quelque chose d'étranger :

Cette opposition sur laquelle Kant a tant insisté et que Hegel plus tard s'efforcera de transcender nous est encore utile ici pour comprendre la signification que Hegel prête au problème de la positivité. La légalité c'est l'hétéronomie, c'est obéissance par contrainte à une loi qui nous dépasse et qui ne vient pas de nous ; la moralité c'est la liberté même ou l'autonomie. Nous ne suivons qu'une seule loi, celle que nous trouvons en nous-mêmes et qui est la nôtre. Etre autonome, c'est devenir majeur, et ne pas subir

[40] J. Hyppolite, *op.cit.*, p. 43-44.

passivement un ordre étranger. Pour Hegel l'exemple le plus frappant de la légalité, c'est le judaïsme, l'obéissance à des lois que la divinité a imposées à l'homme. L'homme ne s'y soumet que parce qu'il craint Dieu, un Dieu qui est au-delà de lui et dont il est l'esclave. Une religion positive est donc, du point de vue de la raison pratique, une religion qui se fonde sur l'autorité et qui, traitant l'homme en enfant, lui impose de l'extérieur ce qui n'est pas inclus dans sa raison. La religion positive fait de Dieu un maître mais elle fait de l'homme un esclave, et développe en lui des sentiments d'esclave[41].

Donc, si nous suivons l'analyse d'Hyppolite, le christianisme et le judaïsme apparaissent comme les religions de l'obéissance et comme des instances qui essayent d'écarter l'être humain de la raison existante en lui-même. De ce fait, la position du jeune Hegel sur les Lumières et la critique de la religion est ambigüe, puisqu'elle s'oppose partiellement à certains axes de ce discours, en gardant simultanément le postulat de l'importance de la raison et de son association profonde avec la liberté et l'autonomie, autrement dit, en gardant l'opposition entre l'hétéronomie et l'autonomie.

Néanmoins, il est possible de remonter aux Lumières pour trouver une des premières expressions de l'aliénation, dans le sens non juridique et non économique du terme, mais comme concept qui s'efforce d'expliquer la place et la situation de l'être humain dans le monde. En fait, la modernité dès Rousseau, à savoir un des porte-paroles des Lumières, conçoit l'idée que l'être humain tel qu'il existe et vit dans les sociétés présentes est étranger à lui-même, aux autres et à la nature. Cette idée se trouve au centre de la réflexion du jeune Hegel sur la religion et la politique, qui pose comme objectif un des postulats centraux de l'*Aufklärung*, la liberté. Pourtant, Hegel ne veut pas supprimer la religion, mais l'incorporer dans la

[41] J. Hyppolite, *op.cit.*, p. 44-45.

communauté humaine, la *πόλις*, en rétablissant le rapport de l'être humain avec la raison et la croyance, comme une force qui vient de son intérieur et non comme une loi extérieure à suivre. De la sorte, ce qui s'esquisse dans *La vie de Jésus* est tantôt l'exigence d'un retour de la religion au cœur de la communauté humaine et politique, tantôt la réappropriation par cette communauté de son propre pouvoir et de la possibilité de maîtriser son existence. En outre, Hegel s'oppose à travers Jésus à une religion fondée sur la loi et les impératifs, ainsi qu'à une religion qui est assujettie au pouvoir d'un État.

Alors et pour conclure sur *La vie de Jésus*, nous pouvons considérer la religion positive chez Hegel, comme une situation qui aliène[42] ou sépare l'humain de sa raison et de sa propre vie, comme une force extérieure à l'être humain qui l'oblige à se dresser contre son propre être. Donc, l'esclavage de l'homme est fondé sur une séparation qui a lieu à l'intérieur de lui-même, à savoir entre la raison et le divin[43], et sur la contrainte exercée et la scission produite par un Dieu transcendant, qui se trouve à l'au-delà et exige la soumission des croyants. L'esclavage et l'hétéronomie, ou l'idée que l'homme obéit à une loi qui ne s'est pas donnée lui-même, deviennent le produit de sa séparation d'avec le divin. L'être humain vit dans une hostilité profonde avec lui-même, générée par l'autorité exercée sur lui-même. Pour dire les choses autrement, le jeune Hegel partage la même intuition et la même idée avec le jeune Marx – bien sûr chez Marx la critique de la religion est ouvertement fondée sur un athéisme et le facteur économique est extrêmement

---

[42] À notre connaissance, le terme aliénation n'apparaît pas encore dans le vocabulaire de Hegel.

[43] C'est la raison pour laquelle *La vie de Jésus* est considérée, comme profondément imprégnée du rationalisme kantien.

important à l'encontre de Hegel, chez qui le facteur économique va jouer un rôle uniquement à partir de la période de Francfort – c'est-à-dire que le monde tel qu'il est, c'est un endroit hostile où la scission règne, n'appartenant pas à l'homme à cause des médiations et des contraintes exercées sur lui. Pour Hegel, ce qui est rompu est l'harmonie de la cité antique et par là, l'harmonie des membres d'une communauté avec leur propre histoire et leur propre destin.

Après avoir analysé certains textes de la période de Tübingen et de Berne, et avoir essayé de décrire le début de la réflexion sur la positivité et sur ce qui allait devenir l'aliénation dans la pensée de Hegel, nous passerons à un bref commentaire de certains additifs à un autre texte de la période bernoise, *La positivité de la religion chrétienne* (1795/1796) où le problème de la cession de l'autonomie et de la liberté de l'être humain dans la religion positive est dominant.

A)3. *La positivité de la religion chrétienne* et la question de l'asservissement de l'être humain

Tout au long de la période de Francfort, comme nous constaterons dans le chapitre suivant, mais aussi pendant la période bernoise, la critique de la positivité de la religion judaïque et du christianisme présuppose pour Hegel, la compréhension de la situation actuelle des êtres humains en tant qu'une situation de perte de la maîtrise de leur vie, et de leur rapport avec la majorité des sphères de l'extériorité, telles que la nature, Dieu et la communauté politique. Nous devons néanmoins noter que la position du jeune Hegel au sujet de l'opposition et du conflit, entre l'individu et l'universel ou le particulier et l'objectivité pendant la période bernoise et francfortoise, est largement différente que celle de la maturité. Elle n'est pas simplement différente quant à son contenu, mais également en ce qui concerne les raisons de cette opposition, et de ce processus d'éloignement de l'être humain de sa propre vie et de l'abandon de son autonomie. À Berne et à Francfort, la pensée de Hegel sur ce phénomène est accompagnée premièrement, par une réflexion historique sur les raisons de cette aliénation ou de cette hétéronomie pour reprendre le vocabulaire hégélien francfortois et secondement, par des considérations concrètes de caractère historique, de critique de la religion et des sociétés passées.

Dans ce chapitre, nous n'allons pas citer le texte de *La positivité de la religion chrétienne* (écrit entre 1795 et 1796 par Hegel et publié également par Nohl[44]), mais certains extraits des additifs (*Zusätze*) à ce texte et de la *Nouvelle version du commencement* (*Neufassung des Anfangs*). En fait, Hegel reprend le début de *La positivité de la religion chrétienne*, lorsqu'il rédige la *Nouvelle version du commencement* en 1800 à Francfort, texte qui sera son dernier écrit de cette période. Le philosophe allemand dans *La positivité de la religion chrétienne*, ayant délaissé la problématique de la période de Tübingen sur la religion populaire, essaie de comprendre la positivité de la religion chrétienne et beaucoup plus, d'éclaircir les liens historiques entre l'État et l'Église. Le plus important pour la pensée hégélienne est qu'elle introduit dans son analyse, la notion d'histoire. Hegel veut comprendre comment la religion de Jésus a pu se transformer, en une religion positive d'où la rationalité est chassée. Le positif est toujours pour Hegel, ce qui s'oppose à la raison et a été reçu par l'homme d'une façon

[44] Rappelons que le titre de cet écrit est donné par Nohl.

passive[45]. La question pour lui consiste à comprendre, de quelle façon une religion devient positive. Autrement dit, il conçoit son objet de réflexion à travers son parcours généalogique et ses transformations dans le temps historique[46].

À Berne nous trouvons des références importantes, concernant le caractère hétéronome de la religion

---

[45] Il est important de ne pas oublier que Hegel à Tübingen et à Berne, est assez influencé par la lecture de la *Critique de la raison pratique* et de *La religion dans les limites de la simple raison* de Kant. Guy Planty-Bonjour dit à ce sujet dans son introduction à *La positivité de la religion chrétienne* : « *Le positif prend sous la plume de Hegel une qualification péjorative parce que le positif est toujours ce qui s'oppose à la raison. On appelle positif ce qui ne peut pas être produit par la raison. {...} On appelle aussi positif ce qui est reçu passivement, à la façon d'un pur donné. Et en ce sens Hegel est l'héritier de Kant : se libérer du positif, c'est se révolter contre l'oppression. Une morale positive est une atteinte directe à la liberté de l'homme et à sa libre décision. Ce positif ne peut pas ne pas entrer en conflit soit avec les idées de la raison théorique, soit avec celles de la raison pratique. Ainsi une religion positive est un système de principes et de coutumes religieux qui prétend régler ma pensée et mon action et qui s'impose à mon jugement en vertu d'une autorité extérieure. A la lecture des paragraphes du manuscrit on voit se préciser l'opposition entre une religion positive qui repose sur la Croyance, est source de contrainte, et est donc une religion de l'hétéronomie ; et d'autre part, une religion naturelle qui s'appuie sur la Raison, provient de notre liberté et est donc une religion de l'autonomie. Ce faisant, Hegel a bien montré que le but de toute religion est la moralité. Il a mis en évidence le caractère contradictoire de ce prétendu concept d'une* religion positive de la vertu *que certains voudraient justifier. En écartant toute référence à la positivité, Hegel retrouve l'autonomie kantienne de la moralité* ». Voir l'introduction de Guy Planty-Bonjour, in Hegel, *La positivité de la religion chrétienne*, p. 14-15, PUF, collection « Epiméthée », Paris, 1983.

[46] Nous voulons dire par là que Hegel appréhende, même pendant ses écrits de jeunesse, l'histoire dans son évolution et comme un processus.

chrétienne et son impact extrêmement négatif sur la vie humaine. Selon Hegel, le problème repose sur l'exigence de la religion chrétienne que les êtres humains reconnaissent Dieu comme leur maître et qu'ils lui soient obéissants. L'essentiel dans ce cas, ce n'est pas que l'homme soit heureux. Au contraire, le centre de gravité est déplacé vers Dieu. L'homme reconnaît la toute-puissance divine, et qu'elle est imposée à la totalité de son être. Or, cela implique la perte de la liberté et de l'indépendance de la raison humaine, ainsi que son assujettissement à une puissance étrangère (« *fremden Macht* »). Hegel dit ceci :

> *Wer diese Übermacht eines Wesens nicht nur über die Triebe seines Lebens – denn eine solche muß jeder anerkennn, es sei nun unter dem Namen von Natur, Fatum oder Vorsehung -, aber auch eine solche Übermacht über seinen Geist, über den ganzen Umfang seines Seins anerkennt, der kann sich einem positiven Glauben nicht entziehen. Die Fähigkeit zu einem solchen setzt notwendig Verlust der Freiheit der Vernunft, der Selbständigkeit derselben voraus,* die einer fremden Macht nichts entgegenzusetzen vermag (c'est nous qui soulignons)[47].

Hegel - et probablement c'est à cause de l'influence de Kant - considère que l'être humain est déterminé par deux éléments : celui de la connaissance et celui de la pratique, qui lui permettent de construire un système moral contre les instincts[48]. Il tente de comprendre si cette

[47] G.W.F Hegel, *Frühe Schriften*, Werke 1, p. 191-192. Sauf erreur de notre part, ce texte n'est pas encore traduit en français, c'est pour cela que nous le citons en allemand.

[48] Il ne serait pas inutile afin de mieux comprendre l'importance de l'influence exercée par la philosophie de Kant sur la pensée du jeune Hegel, de rappeler ici que ce dernier avait rédigé pendant la période de Tübingen un commentaire de la *Critique de la raison pure*, puis pendant son séjour à Berne, un commentaire de la *Critique de la raison pratique* et lorsqu'il était à Francfort un commentaire de la *Métaphysique des mœurs*. La rédaction de ces écrits est mentionnée

double faculté de l'être humain suffit, afin que la morale soit réalisée dans la vie humaine ou si les instincts sont finalement plus forts que la raison et la morale. Le problème quant à Hegel, consiste au fait que l'homme est dépendant d'un « système moral pur », d'un être extérieur à lui :

> *[...] wenn sie auch einräumen, daß Moralität wirklich absoluter und höchster Zweck der Menscheit ist, wenn sie auch einräumen, daß die Vernunft imstande ist – weil sie es nicht leugnen können, was vor ihren Augen geschieht -, ein reines System der Moral zu erbauen, so müssen sie doch behaupten, daß sie doch für sich unvermögend ist, sich das Primat über die Neigungen zu verschaffen, ihre Forderungen zu realisieren, und sie müssen diese Forderungen zu realisieren, den Endzweck der Menschheit notwendig so bestimmen, daß wo nicht in Setzung desselben, doch in der Ausführbarkeit der Mensch von einem Wesen außer ihm abhängig sei*[49].

La positivité de la religion repose sur cette cession de la part de l'homme, sur une sorte de dichotomie : à savoir que l'application et la faisabilité de ses exigences, sont dépendantes d'un être hors de lui. L'élaboration théorique de la positivité et de l'hétéronomie est fondée sur le défaut de cette hypothèse : que les valeurs morales ne peuvent pas être réalisées par l'intermédiaire de la raison, parce que cette réalisation est découpée et isolée, précisément par l'ensemble des facultés et des actions rationnelles de l'être humain, et elle est attribuée à un être divin. Selon Hegel, la religion ne doit pas être objective et provenir de l'extérieur, mais elle doit être en harmonie avec la totalité de l'action de la subjectivité humaine. Par là, il ne devrait pas y avoir une séparation entre le sujet et

---

par Rosenkranz, néanmoins tous les trois textes ont été finalement perdus.

[49] G.W.F Hegel, *op.cit.*, p. 192.

l'objet, et une autonomisation de l'objet, c'est-à-dire du divin et de la religion à l'égard de l'homme.

L'idée d'un lien perdu entre les objectifs moraux de l'être humain et sa rationalité, en d'autres mots, son existence sociale et politique et son subjectivité est la base de la critique de l'hétéronomie chez le jeune Hegel. Cette unité - laquelle n'a jamais été réalisée historiquement pour Hegel, à l'exception de la cité grecque - a eu une manifestation problématique, à cause de la positivité du christianisme et de la dégradation morale due à son expansion. Avec la dissolution des cités grecques et la domination de l'Empire romain « *l'esprit des êtres humains a été chassé de la terre* » et l'expansion violente et autoritaire du christianisme et de l'Église a conduit les hommes à mépriser « *la joie du monde et les biens de la terre* »[50]. La position la plus significative est la suivante : la dégradation causée par le christianisme est construite

[50] En fait, d'après la conception historique de Hegel à Berne, c'était la dissolution de la belle totalité de la Grèce antique, de sa vie harmonieuse et enracinée dans l'immanence, causée par l'avènement du pouvoir romain, qui a ouvert la voie à la religion positive du christianisme. L'Empire romain a réalisé tant la séparation de l'homme de la nature, la ruine de leurs rapports réciproques que la pétrification de la vitalité naturelle et surtout, il a mis en œuvre la disparition de la liberté politique. Hegel écrit sur ce sujet : « *Avec l'instauration de l'État romain, qui enleva la liberté à presque toute la terre connue, la nature fut soumise à une loi étrangère à l'homme, et les relations que celui-ci entretenait avec elle furent brisées. La vie de la nature se figea en pierre et en bois ; les dieux se transformèrent en êtres créés et serviables. Là où la force s'agitait, où le bienfait se manifestait, où la grandeur régnait, là était le cœur et le caractère de l'homme. Ce n'est qu'après sa mort que Thésée devint un héros pour les Athéniens... Les Césars, à Rome, furent déifiés. Apollonios de Tyane faisait des miracles. La grandeur n'était plus divine, donc n'était plus belle ni libre. A l'occasion de cette séparation de la nature et du divin, un homme devint le lien, donc le réconciliateur et le rédempteur* ». Cité par G. Lukács, in *op.cit.*, p. 151.

historiquement sur la disposition spirituelle des croyants, à savoir sur leur sentiment de réception d'une récompense venant de l'au-delà et du ciel. Dit en d'autres termes, il s'agit de la base de l'hétéronomie et de la soumission de l'être humain à une loi extérieure à sa raison[51] et de la substitution « *de la vérité de l'ici-bas* », comme disait le jeune Marx, par « *l'abondante récompense au ciel* » comme le jeune Hegel écrivait, pour exprimer la perte de la liberté de l'ici-bas au profit du despotisme et de la transcendance. D'après Hegel :

> *Sie verschmähten die Freuden der Welt und die Güter der Erde, die sie entbehren mußten, und fanden ihre reichliche Entschädigung im Himmel. {...} So hatte der Despotismus der römischen Fürsten den Geist des Menschen von dem Erdboden verjagt, der Raub der Freiheit hatte ihn gezwungen, sein Ewiges, sein Absolutes in die Gotteheit zu flüchten, - das Elend, das [jen]er verbreitete, [hatte ihn gezwungen,] Glückseligkeit im Himmel zu suchen und zu erwarten. Die Objektivität der Gottheit ist mit der Verdorbenheit und Sklaverei der Menschen in gleichem Schritte*

---

[51] Il faut remarquer l'affinité étonnante entre cette position du jeune Hegel, les formulations de Feuerbach, les analyses critiques du jeune Marx sur la religion et du jeune Engels dans son texte *Schelling und die Offenbarung* (*Schelling et la révélation*). Selon Kostas Papaioannou, un des fondements de la pensée marxienne se trouve dans cette critique du christianisme. Comme il écrit dans son texte, *De la critique du ciel à la critique de la terre* : « *Pour Hegel, il s'agissait de ''revendiquer comme propriété de l'homme les trésors qui furent spoliés au profit du ciel''. Engels emploiera les mêmes termes pour désigner l'œuvre émancipatrice de la ''critique''. Grâce à Feuerbach, écrivait-il en 1842, ''le ciel est descendu sur la terre ; ses trésors gisent dispersés comme des pierres au bord de la route ; quiconque les désire n'a qu'à les ramasser. En effet, les jeunes-hégéliens n'ont fait que pousser jusqu'à ses plus extrêmes conséquences le programme de ''récupération [Wiederaneignung] formulé par Hegel dans ses œuvres de jeunesse entre 1790 et 1800* ». Voir Kostas Papaioannou, *De la critique du ciel à la critique de la terre*, in Karl Marx, *Critique de l'économie politique, Manuscrits de 1844*, p. 7-8, Éditions Allia, Paris, 2007.

gegangen, und jene ist eigentlich nur eine Offenbarung, nur eine Erscheinung dieses Geistes der Zeiten[52].

Hegel associe d'une façon radicale, la dépravation et l'esclavage de l'être humain à la positivité du christianisme. Le christianisme a transformé les êtres humains en des êtres privés de liberté et profondément individualistes. Il a provoqué l'affaiblissement des facultés humaines et la transformation des forces humaines en des forces étrangères, venant *d'un être extérieur à l'homme*. Cela dit, après la chute de l'Empire romain et l'expansion progressive du christianisme, les êtres humains devaient obéir à un Dieu objectif, en attendant le bonheur venu du ciel et en travaillant pour d'autres maîtres sur cette terre, les rois, les seigneurs et l'Église[53].

Ainsi, Hegel distingue deux sortes d'esclavage fondés sur des lois qui existent en dehors de l'être humain. La vie collective est transformée en la croyance à une

---

[52] G.W.F Hegel, *op.cit.*, p. 211-212.

[53] Citons un passage très violent de Hegel à l'égard de l'Église, suivi du commentaire de Lukács : « L'Église a enseigné à mépriser la liberté politique et fraternelle comme de la crasse en comparaison des biens célestes et de la jouissance de la vie. *Ainsi le christianisme engendre-t-il pendant sa domination une dégradation de toute humanité ; ainsi devient-il le principal soutien de toute volonté despotique, de chaque sombre réaction. Et ce ne sont pas des abus isolés, des excès venant de dominateurs dépravés, qu'ils soient ecclésiastiques ou laïcs, que le jeune Hegel entend dénoncer. Bien plutôt ces effets engendrés par le christianisme viennent-ils de son essence la plus intime : la positivité* ». Voir G. Lukács, in *op.cit.*, p. 160. Faisons attention ici à deux choses : premièrement, à la tension entre l'écrasement de « *la liberté politique et fraternelle* » et « *la jouissance de la vie* ». Nous estimons que la jouissance de la vie se rapporte dans ce cas, non à un sentiment d'affirmation de la vie éprouvé par les croyants, mais plutôt aux bénéfices matériels de la caste ecclésiastique. Secondement, la liberté politique et fraternelle se réfère probablement tantôt aux valeurs de la Révolution française, tantôt aux démocraties antiques.

divinité objective, en une nécessité de soumission à une volonté étrangère et à un État avec lequel ses citoyens ne s'identifient pas. De là, Hegel déduit que l'idée religieuse se trouve en dehors des limites des forces humaines, étant donné que l'homme n'avait pas pu retrouver l'indépendance et la liberté dans sa propre volonté et les a placées dans un être transcendent. Cette impuissance humaine a mené à la réification de la force divine. Pour le jeune Hegel, la dépossession et l'hétéronomie religieuses correspondent à la dépossession et à l'hétéronomie politiques. En fait, la vie des êtres humains ne correspondait plus au royaume divin dans le christianisme, surtout pendant le premier temps après son expansion.

Mais, Hegel pense que cette dépossession n'est pas une condition éternelle. Bien plus, il considère encore que la formation historique des Grecs peut fonctionner comme un germe à imiter, pour retrouver ces libertés « perdues ». À travers cette réflexion sur les libertés perdues, Hegel conçoit que cette situation est réversible, parce que ces exemples ont déjà concrètement existé dans le passé historique, ainsi ils pourraient émerger de nouveau. La reconquête de la liberté par l'être humain signifie principalement, la réappropriation de la religion. Cette réappropriation des rapports de l'homme, sous des conditions de liberté est exprimée ici comme questionnement sur la possibilité de reprise, de ce qui a été spolié au profit du ciel. Hegel pose alors la question suivante : indépendamment des efforts précédents, s'il s'agit à nos jours de défendre les trésors spoliés au ciel, comme propriété des hommes, quelle époque aurait-elle la force de réclamer ce droit et le constituer comme sa propriété ? :

Außer früheren Versuchen blieb es unseren Tagen vorzüglich aufbehalten, die Schätze, die an den Himmel verschleudert worden sind, als Eigentum der Menschen, wenigstens in der Theorie, zu vindizieren, aber welches Zeitalter, wird die Kraft haben, dieses Recht geltend zu machen und sich in den Besitz zu setzen ?[54]

Le processus historique du déchirement, de la séparation, de la perte des libertés humaines et l'exigence d'une réappropriation des forces de l'homme, sont des idées qui se complètent mutuellement. Le point intéressant est que l'aliénation des forces humaines, et la perte de la liberté sont comprises comme une négation de la raison[55]. Cette négation de la raison devra être contestée, par la reconquête de la liberté politique et religieuse. D'après Hegel, cela peut être réalisé sur le modèle des cités antiques démocratiques et de leur religion populaire, qui permettront le développement de la subjectivité humaine face à la religion et les effets nocifs de l'objectivité. Néanmoins, il ne formule pas des propositions pour le renversement de cette situation historique et lorsqu'il parle des démocraties antiques, il est influencé par les républicains de la Révolution française. Le jeune penseur indique les contradictions dans lesquelles l'homme moderne vit, sans pourtant donner des solutions concrètes. Il trace remarquablement les caractéristiques fondamentales de la scission et critique les formes dominantes de l'égoïsme, sans réfléchir sur des méthodes concrètes de suppression de ces formes. Malgré cela, les critiques de Hegel à Berne visant la séparation et les relations hétéronomes de l'être humain, sont principalement tournés vers la société politique et

---

[54] G.W.F Hegel, *op.cit.*, p. 209.

[55] Il est important de noter ici que pour le jeune Hegel, cette négation de la raison est *un moment et un effet de l'activité humaine*. Cela dit, il parvient à concevoir l'éloignement du monde des objets, de cette objectivité inerte de la raison humaine, comme le résultat de la raison et de l'activité historique des êtres humains. Le monde de l'objectivité – la positivité – se détache de l'être humain, à cause précisément de l'activité humaine.

religieuse traditionnelle. Selon Hegel, les rapports sociaux fondés sur l'égoïsme, doivent être remplacés par le respect de la propriété privée, et par la reprise des valeurs des républiques antiques, à savoir par la fondation d'une société de type civil et bourgeois.

*

Nous voulons maintenant citer deux extraits de la *Nouvelle version du commencement*, et tirer quelques conclusions sur la positivité et la question de la critique du christianisme, comme un moment préparatoire de la réflexion hégélienne qui mènera plus tard, à l'édification de la dialectique et à la formulation du concept d'aliénation.

Hegel à Tübingen et beaucoup plus à Berne, soutient d'abord une religion populaire et ensuite subjective, comme contrepoids au despotisme religieux et politique développés depuis des siècles. Ce subjectivisme idéaliste radical, comme Georg Lukács l'avait nommé, traite le christianisme comme une force qui est devenue étrangère à l'homme après la chute de l'Empire romain et l'imposition d'une théocratie religieuse à partir du Moyen Âge. Pour Hegel, il y a une séparation entre la vie et la doctrine, avec des racines historiques spécifiques, laquelle avait transformé la religion en objet, introduisant une aliénation entre la nature religieuse de l'homme et la formation ecclésiastique, et une division entre l'homme et Dieu. La positivité de la religion chrétienne réalise la suppression de l'autonomie du sujet, détruisant toute trace d'immanence de la vie humaine. Hegel distingue la figure de Jésus de l'histoire ultérieure du christianisme, en voyant à ce dernier un synonyme du despotisme, de l'autorité et de l'esclavage[56]. Il dit sur ce sujet :

On a tenu tantôt pour un défaut, tantôt pour un mérite de la religion chrétienne, le fait qu'elle s'est adaptée aux mœurs, aux caractères et aux constitutions les plus divers. C'est la corruption de l'Etat romain qui a été son berceau ; la religion chrétienne devint dominante lorsque cet empire était en train de décliner, et l'on ne voit pas qu'elle en ait arrêté la chute ; au contraire, celle-ci lui permit d'étendre son domaine, et elle se présente, dans une même époque, comme la religion des Romains et des Grecs les plus raffinés, plongés servilement dans les vices les plus infâmes, et comme la religion des Barbares les plus ignorants, les plus sauvages mais aussi les plus libres. Elle fut, au Moyen Age, la religion des Etats Italiens dans les plus beaux temps de leur liberté pétulante, et des plus sévères républiques libres de la Suisse, des monarchies de l'Europe moderne dans leurs divers degrés de modération, de même qu'elle fut la religion des serfs les plus opprimés et de leurs seigneurs : serf et seigneur fréquentaient tous deux une seule et même Eglise. C'est en se faisant précéder de la Croix que les Espagnols ont massacré des générations entières, en Amérique, et les Anglais ont chanté des cantiques d'action de grâces pour la dévastation de l'Inde. C'est en son sein que sont écloses les plus belles fleurs des arts plastiques et c'est sur elle que se sont élevés les plus grands édifices de la science. Mais c'est aussi en son honneur que tous les beaux-arts ont été proscrits et que le perfectionnement des sciences a été mis au compte de l'impiété. L'arbre de la Croix a prospéré, poussé ses racines et porté ses fruits sous tous les climats. Les peuples lui ont rattaché toutes les joies de la vie, et c'est en elle que la mélancolie la plus désolée a trouvé sa nourriture et sa justification[57].

---

[56] Il faut mentionner que la critique acérée du christianisme de la part du jeune Hegel résulte partiellement, de la lecture dès la période de Tübingen des écrits de Voltaire, de Diderot, de d'Holbach, aussi bien que du livre de l'historien britannique Edward Gibbon, *Histoire de la décadence et de la chute de l'Empire romain* et des textes de l'écrivain, naturaliste et révolutionnaire allemand, Georg Forster (1754-1794).

[57] G.W.F Hegel, *La positivité de la religion chrétienne*, p. 110 et édition originale, *op.cit.*, p. 218. Malheureusement, nous ne pouvons pas citer ici tous les extraits dans lesquels le jeune Hegel associe le

Le jeune Hegel comprend d'une façon profondément dialectique le double caractère des effets historiques du christianisme, tantôt positifs, tantôt négatifs, qui préfigurent sa conception dialectique de l'histoire de son système philosophique de la maturité, aussi bien que – certes très indirectement – le matérialisme historique selon lequel, tous les phénomènes historiques n'ont pas des conséquences uniquement négatives ou uniquement positives. En fait, il prend position contre le christianisme dans ce moment de son itinéraire intellectuel, au sens où ses résultats négatifs ont eu un impact historique plus déterminant que ses effets positifs. Hegel insiste sur le fait que finalement la religion de l'homme et de la liberté de l'être humain – celle de la doctrine de Jésus – s'est renversée en une négation de l'être humain, en une religion privée et s'est associée à une objectivité sans vie. Nous constatons alors que l'opposition entre la subjectivité vivante et l'objectivité positive (morte) prend forme selon Hegel de la période de Berne, avec la chute des cités antiques et plus généralement, avec la décadence du monde antique. Cette décadence est à la base de la création du sujet privé et isolé, séparé du monde qui l'entoure[58]. Cet être humain privé est plus préoccupé par

---

despotisme politique à l'Église, mais nous avons choisi celui qui nous paraît être extrêmement polémique.

[58] Nous avons insisté un peu plus haut sur le fait bien connu, que les écrits de Gibbon ont influencé le jeune Hegel en ce qui concerne l'élaboration de sa critique du christianisme. Néanmoins, nous estimons que la vision historique de Gibbon a eu un impact beaucoup plus vaste ainsi que plus durable sur la vision hégélienne de l'évolution de l'histoire européenne et plus spécifiquement, sur la question de la privatisation de la vie qui commence à devenir historiquement et socialement dominante dès le déclin de l'Empire romain. Par exemple, cette idée peut être retrouvée dans le texte de la période d'Iéna, *Des manières de traiter scientifiquement du droit naturel ; de sa place dans la philosophie pratique, et de son rapport aux sciences positives du droit* (texte publié entre 1801 et 1803).

son salut personnel que par le souci de la liberté collective et la présence de l'oppression réelle. Lukács condense les effets de la religion positive en disant que :

> *Les hommes vivent donc sous la domination de la religion positive du christianisme, dans un monde social qui se tient devant eux comme un « donné » indépassable, quelque chose qui leur est complètement étranger ; la mission historique fatale de la religion positive du christianisme se résume chez le jeune Hegel à ceci qu'elle brise chez l'homme la volonté d'agir de façon autonome et de vivre dans une société d'hommes libres*[59].

Hegel dans la *Nouvelle version du commencement* considère que la religion positive trouve un fondement à l'intérieur de l'être humain, dans des contradictions qui proviennent de l'incapacité de la nature de satisfaire les

---

Même après les écrits de jeunesse, l'auteur de *La positivité de la religion chrétienne* reste attaché à la critique de l'émergence d'un individu qui s'intéresse uniquement à son propre être. Hegel en traduisant essentiellement un extrait de l'*Histoire de la décadence et de la chute de l'Empire romain* écrit les lignes suivantes : « *l'image de ce changement, Gibbon l'exprime en ces traits : [«] La longue paix et la domination uniforme des Romains introduisirent un poison lent et secret dans les forces vitales de l'empire. Les dispositions intérieures des hommes furent peu à peu nivelées, le feu du génie éteint, et même l'esprit militaire évaporé. [...] Le courage personnel demeurait, mais ils ne possédaient plus ce courage* public *qui est nourri de l'amour de l'indépendance, du sens de l'honneur national, de la présence du danger, et de l'habitude de commander ; ils reçurent des lois et des chefs de la volonté de leur monarque, et [...] les descendants des têtes les plus hardies se contentèrent du rang de citoyens et de sujets ; les cœurs aspirant plus haut se rassemblèrent sous [...] la bannière de l'empereur ; et les pays abandonnés, privés de force ou d'unité politique, s'enfoncèrent insensiblement dans la molle indifférence de la* vie privée *[»]* » (c'est Hegel qui souligne). G.W.F Hegel, *Des manières de traiter scientifiquement du droit naturel*, p. 65-66, traduit et annoté par Bernard Bourgeois, Librairie Philosophique J. Vrin, collection « Bibliothèque des Textes Philosophiques », Paris, 1972.

[59] G. Lukács, *op.cit.*, p. 161-162.

besoins humains[60]. La religion positive profite de ces contradictions, en instaurant la présence nécessaire d'un être extérieur qui pourrait offrir une solution. Le jeune penseur aperçoit la religion positive comme une entité faisant la loi dans la réalité humaine, et qui veut persuader les hommes que tout élément noble et supérieur ne provient pas d'eux, mais de Dieu. Cela nous rappelle ce que Hegel écrivait à Tübingen : la raison humaine était liée au divin, la rationalité était l'élément le plus noble à l'intérieur de l'être humain, l'unissant au divin. Mais, Hegel quelques années plus tard concevra la positivité d'une façon encore plus tranchante. Le problème repose sur une aliénation et sur la transformation de la croyance, en une entité qui écrase l'être humain :

La nature humaine ne peut résoudre par elle-même les contradictions qui surgissent ainsi en elle, et c'est un être étranger (etwas Fremdes) *qui par miséricorde doit se charger de la solution. {…} Une telle conception du rapport de la religion chrétienne avec l'homme, on ne peut l'appeler positive par elle-même, sans autre forme de procès. Elle repose sur un présupposé qui est certes beau : tout ce qu'il y a d'élevé, tout ce qu'il y a de noble et de bon en l'homme est quelque chose de divin, cela provient de Dieu, c'est son esprit émanant de lui. Mais lorsque la nature humaine est absolument séparée du divin, lorsque aucune médiation n'est permise pour elle – excepté dans un seul individu –, qu'on ne fait que rabaisser au contraire toute conscience humaine du bien et du divin à l'hébétude et à l'anéantissement de la croyance en quelque chose de tout à fait étranger et de surpuissant (an ein durchaus Fremdes und Übermächtiges), c'est alors que cette conception devient éclatante positivité. On le voit, l'examen de cette question, poussé à fond par une démarche conceptuelle, finirait par se transformer en une méditation métaphysique sur la relation entre le fini et l'infini. Mais telle n'est pas l'intention de ce traité. Il prend pour fondement la nécessité que réside dans la nature humaine elle-même le besoin de*

---

[60] Nous pouvons noter à ce point, l'insistance du jeune Hegel sur ce mouvement de l'extérieur qui pénètre, saisit et assujettit l'intériorité humaine. L'extérieur parvient donc à contrôler l'intérieur.

reconnaître un être plus élevé que ne l'est l'action humaine en notre conscience, de faire de l'intuition de la perfection de cet être l'esprit vivifiant de la vie, et de consacrer immédiatement, et indépendamment d'autres buts, du temps, des soins et des sentiments à cette intuition[61].

Nous voyons que Hegel fonde la perte de la liberté humaine, sur la division introduite par le christianisme, entre la bonté naturelle de Dieu et la nature abjecte et basse de l'être humain. Les scissions internes de l'être humain ne peuvent être résolues dans le cas du christianisme, que par l'implication d'un être extérieur dans la réalité humaine, et par le biais d'une dichotomie à l'intérieur de son être : le christianisme est critiqué par le jeune Hegel, comme la religion de la scission et de l'absence d'un rapport direct avec Dieu. Autrement dit, les hommes communiquent avec le divin par l'intermédiaire de l'Église, chose qui transforme la croyance en une sphère extérieure à l'être humain. L'individu autonome de l'Antiquité s'est transformé en un croyant obéissant à des lois, qui lui sont imposées et qu'en dernier lieu le surpassent, au lieu de suivre des lois qu'il se serait donné lui-même. Nous avons alors à l'état d'élaboration, des idées que nous allons retrouver chez le jeune Marx : les objets du travail de l'ouvrier s'objectivent et se séparent définitivement de lui, et à cause de la hiérarchie qui régit l'industrie capitaliste, ils finissent par lui échapper et par le dominer.

Ce que nous venons de dire, nous impose un certain nombre de questions. Que pouvons-nous retenir de la positivité de la période de Berne ? Est-ce que cette idée a un rapport avec le concept d'aliénation dans la *Phénoménologie de l'esprit* ? Pouvons-nous soutenir que les réflexions sur le christianisme à Tübingen et à Berne

---

[61] G. W. F Hegel, *op.cit.,* p. 117-118 et édition originale, *op.cit.,* p. 224-225.

(cette question vaut aussi pour la période de Francfort), préparent ce que nous trouverons plus tard comme thématiques de l'*Entfremdung* et de l'*Entäusserung* ?

Chez les manuscrits théologiques de Hegel, la réappropriation historique de la nature humaine est effectuée par le personnage de Jésus, une tentative de retrouver l'autonomie de l'être humain, perdue dans le judaïsme. Mais, il faut retenir que Hegel critique le christianisme et le judaïsme comme de processus historiques, qui aliènent l'être humain particulier et la communauté à l'avantage d'un objet absolu, extérieur, séparé et indépendant d'eux qui devient un sujet omnipotent. L'être humain est condamné à cause du caractère positif du judaïsme et du christianisme, à obéir à l'autorité et à servir une loi. Ainsi, Hegel conçoit l'histoire après l'expansion du christianisme comme la rupture entre le sujet et l'objet, entre le sujet autonome et l'objectivité positive.

Néanmoins, nous devons remarquer que le caractère aliénant des religions positives n'est pas une nécessité absolue, ou le résultat de l'intervention divine dans les affaires humaines. La positivité trouve son origine à l'histoire humaine et elle est le produit de rapports concrets des êtres humains, avec l'objectivité et leur propre croyance religieuse. Hegel avait employé l'exemple de la Grèce antique et de Rome. Dans le cas de la formation historique de la Grèce antique, la religion faisait partie de la vie sociale de la cité, les individus obéissaient à des lois qu'ils se sont donnés à eux-mêmes et l'État était le produit de leur propre activité politique. Toutefois, cette réalité change d'une façon radicale avec la déchéance du monde des républiques antiques – c'est-à-dire principalement avec la consolidation du pouvoir impérial à Rome – et de ses valeurs[62].

---

[62] Il est sans doute nécessaire de citer, ce que le jeune Hegel notait dans son écrit sur la positivité du christianisme à propos de cette question historique capitale : « *En tant qu'hommes libres, ils obéissaient aux lois qu'ils s'étaient librement données, ils obéissaient aux hommes qu'ils avaient librement choisis comme chefs, ils menaient des guerres qu'ils avaient décidées eux-mêmes, faisaient don de leur propriété, de leurs passions, sacrifiaient mille vies à une cause qui était la leur ; ils n'enseignaient et n'apprenaient pas, mais pratiquaient en agissant des maximes de vertu qu'ils pouvaient connaître comme leur étant entièrement propres ; dans la vie publique comme dans la vie privée et domestique, chacun était un homme libre, chacun vivait selon ses propres lois. L'idée de sa patrie et de son État constituaient l'élément invisible et supérieur pour lequel il travaillait, qui lui donnait l'impulsion ; c'était son but final du monde, ou le but final de son monde, qu'il trouvait réalisé* (dargestellt) *dans la réalité* (Wirklichkeit), *ou contribuait lui-même à réaliser* (darstellen) *et à maintenir. {...} L'image de l'État comme produit de son activité disparut de l'âme du citoyen* (Bürger) ; *le souci et la vue du tout reposèrent dans l'âme d'un individu ou de quelques-uns ; chacun fut affecté à une place plus ou moins restreinte, différente de la place occupée par l'autre ; on confia le gouvernement de la machine étatique à un nombre réduit de citoyens, et ceux-ci ne servirent que de rouages isolés, n'acquérant leur valeur que dans leur liaison avec les autres. La partie du tout morcelé qui se voyait confiée à chacun était si insignifiante par rapport à ce tout que l'individu n'avait pas besoin de connaître ce rapport ou de l'avoir devant les yeux. Être utilisable dans l'État, tel était le grand but que posait celui-ci pour ses sujets, et le but qu'eux-mêmes, de leur côté, se posaient était le gain et la subsistance, et aussi par exemple la vanité. Toutes les activités, tous les buts se rapportaient maintenant à l'individualité ; plus d'activité pour un tout, pour une idée – chacun travaillait pour soi, ou, contraint, pour un autre individu ; la liberté d'obéir à des lois que l'on s'est soi-même données, de suivre des autorités en temps de paix et des généraux que l'on s'est soi-même donnés, de réaliser des plans à la décision desquels on a soi-même participé, disparut ; toute liberté politique disparut ; le droit du citoyen* (Bürger) *ne conféra qu'un droit à la sécurité de la propriété, laquelle remplissait maintenant la totalité de son monde ; la mort, le phénomène qui déchirait tout le*

tissu de ses buts et l'activité de toute sa vie, devait nécessairement être pour lui quelque chose de terrifiant, car rien ne lui survivait ; la république survivait au républicain, et la pensée se présentait à celui-ci que celle-là, son âme, était quelque chose d'éternel ». Cité par G. Lukács, in *op.cit.,* p. 133-135. Quelques remarques, même hâtives s'imposent. Tout d'abord, Hegel met l'accent dans l'extrait cité sur le fait que cette transformation du monde antique, découpe les citoyens de leur existence commune ou pour le dire autrement, de résultats de leur activité sociale et historique. L'Empire romain dont la chute est à la racine du commencement du règne de la positivité, instaure une distance entre les êtres humains et le monde social-historique qui ont eux-mêmes produit. Le tout dans lequel ils vivent leur est désormais étranger et ne leur appartient plus. C'est-à-dire qu'ils ne participent plus à sa formation. Pour rappeler l'exemple donné par Hegel, même cette représentation selon laquelle l'État est le résultat de l'activité humaine, cesse d'exister chez les citoyens. Néanmoins, les citoyens pouvaient se reconnaître pleinement dans leur activité extériorisée au sein de la cité grecque. Leur intériorité était en accord avec leur action. Mais dès lors, les individus ainsi que la réalité sont conditionnés par la loi *d'un autre ou d'une minorité*. Comme Hegel écrira quelques lignes après le dernier passage cité, l'obéissance à la volonté et à la loi de quelqu'un d'autre est devenue une habitude. En fait, les êtres humains s'habituent progressivement à obéir à la volonté d'autrui. Le bien commun vers lequel chaque citoyen tendait et dirigeait auparavant ses actions, disparaît. Le tout est morcelé et hétéronome. Les êtres humains sont transformés précisément en des individus retirés, qui font partie d'un mécanisme. La compréhension de l'ensemble – de ce mécanisme – devient le privilège de quelques-uns et ces quelques-uns sont aussi à leur tour des êtres morcelés. Pourtant, le citoyen qui s'est transformé en individu isolé n'est plus en position de concevoir la totalité historique. Ceci est d'autant plus intense, car comme le jeune Hegel note la partie du tout qui va être confiée à chaque individu est tellement sans importance et minime, qu'il n'a pas besoin de pouvoir concevoir la totalité ou son rapport avec elle. Avec la décadence des républiques antiques, l'existence de la belle totalité est brisée. Le tout se transforme en désunion. Bien plus, Hegel explique d'une façon très claire, que la perte de la liberté et de l'autonomie des citoyens a eu d'autres effets négatifs. Le monde de la cité grecque, de la *πόλις*, est petit à petit remplacé par le pouvoir despotique romain et transformé en un mécanisme d'asservissement de ses propres citoyens, à savoir en un « *mécanisme étatique* » auquel

Cette société ne pouvait pas accepter dans son étape la plus créatrice, les lois d'une religion positive et de vivre séparée de la nature. Selon Hegel, le despotisme a régné dans le monde, non à cause de la naissance du christianisme, mais à cause de la décadence des cités antiques. Ce qui a permis l'expansion de la positivité et d'une vie divisée, était la destruction graduelle des formes de vie basées sur la liberté démocratique, l'égalité de

---

a accès uniquement une minorité. Remarquons que ce n'est pas quelque chose de négligeable, que le jeune Hegel procède à une critique de l'État, même si cela concerne une phase historique très précise. Lukács écrit au sujet du positionnement de Hegel à l'égard de l'État : « *Pour lui, l'État en général n'est aucunement quelque chose de positif ; c'est seulement le cas de l'État despotique, qui trouve son origine dans la Rome impériale et s'est prolongé jusqu'à aujourd'hui. Cependant, l'État de l'Antiquité est en nette opposition avec cet État despotique en ceci qu'il est le produit et l'expression de l'activité libre et autonome des hommes, de la société démocratique. Et conformément à cette conception, la destruction de l'État en général n'est pas le but de Hegel, ni le terme à partir duquel il envisage l'évolution ; il vise plutôt à la restauration de l'État urbain non positif de l'Antiquité et de la libre et autonome démocratie antique* ». Voir G. Lukács, *op.cit.*, p. 109. Par ailleurs, le texte de Hegel que nous venons de citer plus haut, met en évidence la scission historique entre l'objectivité et la subjectivité : la cité se transforme en un État, soit en une machine – et en un moyen – *qui réduit les êtres humains à de simples fonctions et les instrumentalise*. Désormais, ce qui organise et domine la vie sociale est d'un coté, l'existence d'un État qui ne se rapporte aux individus que selon l'utilité qui peuvent lui procurer et d'un autre côté, la pratique de ces mêmes individus qui est orientée exclusivement vers leur survie et leur profit. Ceci dit, les rapports harmonieux de l'objectivité et de la subjectivité disparaissent, accordant leur place au règne de l'individualisme et à la logique du gain. D'après Hegel, le monde historique dès le déclin des démocraties antiques, la naissance du christianisme et la consolidation des rapports féodaux est déterminé par *l'empire de la contrainte, l'activité individualiste et utilitaire*. Ainsi, nous constatons que pour le jeune Hegel, l'individualisme – quelque chose qui va aussi caractériser l'être social de la société capitaliste – a une racine historique extrêmement lointaine.

fortunes et l'autonomie politique de la communauté. Ce processus commence par l'Empire romain qui a ôté la liberté à ses sujets, rompant les liens de l'homme avec la nature, l'assujettissant à une loi étrangère et permettant l'arrivée victorieuse du christianisme. De ce fait pour Hegel, l'avènement du christianisme a été possible parce que les objets ont régné sur les hommes :

> *Après le déclin de la liberté romaine et grecque, quand les hommes furent privés de la domination de leurs idées sur les objets, le génie de l'humanité se divisa. L'esprit de la* masse corrompue *dit aux objets : je suis vôtre, prenez-moi ! Il se jeta dans leur torrent, se laissa emporter par eux et disparut dans leur vicissitude*[63].

Donc, l'élément positif de la religion ne se réalise pas dans chaque religion, mais il est juste une possibilité historique. Lorsque l'existence et la vie humaines deviennent étrangères à elles-mêmes, la religion positive offre une consolation à l'être humain, en lui faisant tourner le regard vers un être supérieur. Le positif est conséquemment pour le jeune Hegel, l'état où l'être humain se trouve en discontinuité, en disharmonie et en contradiction avec son existence religieuse et avec sa place dans le monde. En d'autres mots, c'est la preuve que c'est une loi extérieure qui contrôle l'existence humaine et non la liberté et l'unité avec la nature, et qu'une opposition s'est installé dans le rapport de l'homme avec l'extériorité.

Comme nous l'avons déjà constaté, la positivité de la religion chrétienne constituait le principal obstacle à l'épanouissement de la liberté de l'homme. La religion chez le jeune Hegel, joue le rôle de cette perpétuation du sentiment d'étrangeté, ressenti par la subjectivité face au réel, qui est régi par les lois et les devoirs moraux

[63] Cité par G. Lukács, in *op.cit.*, p. 152.

inflexibles. Subséquemment, le caractère propre de la positivité pendant la période bernoise se fonde sur le fait que *la vie intérieure de l'être humain, la subjectivité se distancie de l'objectivité*, ou inversement *l'objectivité prend du recul de la subjectivité*. Le monde prend une distance de la vie, une opposition antagoniste et un sentiment d'hostilité s'installent dans le particulier, idée qui sera amplement développée par Hegel pendant la période de Francfort. Nous pouvons affirmer que la positivité est un germe, de ce que sera l'aliénation plus tard, au sens que la vie s'est rend étrangère à elle-même et que la religion positive veut obliger l'homme, à croire à une force opposée qui finit par s'autonomiser. Lukács dans son chapitre *La signification de la « positivité » dans le cadre de l'évolution de la pensée de Hegel*, écrit sur ce sujet :

> *Nous avons vu que le concept central, historiquement et philosophiquement décisif, avec lequel Hegel travaille pendant cette période est celui de positivité. Dans la forme que la philosophie hégélienne a atteinte jusqu'ici, dans l'opposition de l'activité autonome et de la liberté subjective à l'objectivité morte, à la positivité, est contenue en germe une question centrale de la dialectique hégélienne ultérieure : la question que Hegel aura plus tard l'habitude de désigner du terme d'« aliénation », et dans laquelle est contenu – selon des conceptions que Hegel a alors coordonnées et systématisées – tout le problème de l'objectivité dans la pensée, dans la nature et dans l'histoire. Que l'on pense simplement au fait que, selon la philosophie ultérieure de Hegel, toute la nature est conçue comme une aliénation de l'esprit*[64].

[64] G. Lukács, *op.cit.,* p. 169. Soit dit en passant, il faut remarquer que le jeune Lukács était également influencé par cette idée, qui traverse les écrits du jeune Hegel, selon laquelle dans les Temps modernes l'objectivité et la subjectivité sont transformées en entités mortes. Comme Lukács notait d'une façon très caractéristique, nous avons affaire à un monde historique qui nous est devenu étranger et plus précisément, à un « *ossuaire d'intériorités mortes* ». Voir G. Lukács, *La Théorie du roman* [1916], p. 58, traduit par Jean Clairevoye, suivi

Le *Jeune Hegel* de Lukács nous aide à comprendre la continuité de la problématique hégélienne, mais aussi la discontinuité qui existe parmi les solutions différentes, que le philosophe allemand a proposées tout au long de son itinéraire philosophique. Cela veut dire que dès la période bernoise et les écrits théologiques de Francfort, Hegel essaie de penser les rapports de la subjectivité et de l'objectivité, en termes d'opposition et de déchirement et en critiquant la religion, étant manifestement influencé par le discours antireligieux de la Révolution française et jusqu'à un certain point par l'*Aufklärung*. Comme nous allons voir dans le chapitre sur *L'esprit du christianisme et son destin*, il souhaite réunir le monde morcelé par le biais de l'amour.

Nous apercevrons dans le dernier chapitre de cette partie, que le développement de la dialectique et de la question de la culture mèneront Hegel à donner de nouvelles réponses dans la *Phénoménologie de l'esprit*. Dans la réflexion hégélienne de la maturité, la dialectique prendra la suite, dégageant ce qui est intelligible dans le réel, comme mouvement de la pensée et de l'esprit qui aliène, supprime et conserve en même temps la chose comme processus de l'effectivité où les contradictions se déploient, aussi bien que comme identité de l'être et de la pensée. Ainsi, la dialectique peut être déterminée comme ce mouvement qui unit les contraires[65].

---

d'*Introduction aux premiers écrits de Georg Lukács* par Lucien Goldmann, Éditions Gallimard, collection « Tel », Paris, 1989.

[65] Il faut tenir compte d'une autre différence entre l'aliénation de la *Phénoménologie de l'esprit* et la critique de la positivité dans les écrits de Berne et de Francfort. La positivité semble être pour le jeune Hegel, une situation historique propre aux choses et au réel, autrement dit, une caractéristique spécifique du judaïsme et du christianisme, tandis que dans la *Phénoménologie*, l'aliénation provient de l'activité humaine dans l'effectivité historique.

Mais pour en revenir au jeune Hegel, tout au long de Tübingen et de Berne, il prend conscience du problème historique de l'homme et surtout de la question de la liberté, comme le problème du rapport d'une subjectivité qui reproduit une vie et vit dans un monde qui ne lui appartient pas. Cette idée désigne le fait, que la vie est finalement étrangère à elle-même. Or, cela n'est pas le résultat d'une intervention divine, ou d'une Némésis de Dieu attribuée au genre humain, mais il s'agit d'un processus historique humain, d'un effet de l'activité humaine, laborieux et complexe, qui a commencé par la décomposition des cités antiques et a mené à la domination du christianisme, à une mentalité individualiste et à la transformation du monde en objet et en une entité, dans laquelle les êtres humains ne peuvent plus participer. Le monde est devenu foncièrement étranger, parce que les êtres humains n'ont plus la possibilité de s'y affirmer à travers leur agir. Mais, à part ce manque d'auto-affirmation de l'être humain dans le monde par le biais de sa propre activité, l'homme se transforme en un « *non-moi* » et Dieu aussi en un autre non-moi. Le despotisme politique critiqué par Hegel, pousse graduellement l'esprit humain à se projeter dans un au-delà, qui à son tour se transforme en un objet, privé de vie. Selon Hegel :

Ainsi le despotisme des princes romains avait-il chassé de la terre l'esprit de l'homme ; le vol de sa liberté avait forcé celui-ci à mettre à l'abri dans la divinité ce qu'il avait lui-même d'éternel et d'absolu ; il propagea la misère quand il chercha et attendit la béatitude dans le ciel. L'objectivité de la divinité va de pair avec la dépravation et l'esclavage des hommes, et ne consiste au fond qu'en une révélation, une manifestation de cet esprit du temps. {...} L'esprit du temps se révéla dans l'objectivité de son Dieu, quand celui-ci fut posé {...} dans un monde qui nous est étranger, auquel nous ne participons pas du tout, où nous ne pouvons nous établir par notre action, dont nous pouvons à peine nous rapprocher en mendiant et en usant de magie, quand l'homme lui-même fut un non-moi et sa divinité un autre non-moi. {...} Durant une telle période, la divinité devait avoir complètement cessé d'être une subjectivité et s'être transformée complètement en un objet ;[66]

Il est essentiel de noter que l'aliénation ou l'état fondamental dans lequel l'être humain se trouve dans les Temps modernes, à savoir une liaison manquée et perdue avec le monde, découle de la privation de la liberté due aux changements sociaux-historiques et à la nature de son rapport religieux avec Dieu. Ceci implique que *l'aliénation signifie même dans un stade initial de la pensée hégélienne, une notion qui sert à expliquer un rapport distordu et finalement perdu de l'être humain avec son propre monde. Mais, il s'agit bel et bien d'un monde produit par l'homme lui-même*. De là, il est possible de dire que l'aliénation hégélienne n'a pas uniquement des racines théologiques et métaphysiques. En d'autres mots, l'homme est devenu étranger à lui-même et a été dépouillé de sa propre richesse, à cause de la domination politique de la féodalité et de son rapport étroit avec la religion chrétienne, et non à cause d'un péché originel.

Bien plus, Hegel semble identifier l'histoire dès la chute de l'Empire romain et jusqu'à la Révolution française, à cette distance créée entre l'homme et le monde. Le point que nous voulons retenir le plus apparaît dans la phrase suivante de Hegel : « *dans un monde qui nous est étranger, auquel nous ne participons pas du tout, où nous ne pouvons nous établir par notre action* ». L'aliénation se définit dans ce stade de la réflexion hégélienne comme rapport de l'homme avec son histoire, comme absence de pouvoir et de possibilité de participation active au monde, *c'est-à-dire comme impuissance de l'être humain de transformer le monde à travers son activité*.

---

[66] Cité par G. Lukács, *op.cit.*, p. 163.

Nous insistons tellement sur cette idée, parce qu'elle contient un des caractéristiques les plus centraux et les plus actuels de l'aliénation, à savoir la transformation du monde social en un être, qui échappe au pouvoir de la conscience humaine, la réduisant en un état de contemplation passive, mouvement qui conduira selon Cornelius Castoriadis à l'individualisme généralisé et la privatisation dans les sociétés occidentales[67]. Les périodes de Berne et de Francfort peuvent être utiles, non uniquement pour éclaircir l'élaboration interne et l'évolution de la pensée hégélienne, mais également pour les implications du concept d'aliénation comme état de réduction de l'être humain à une faiblesse perpétuelle, à cause de son rapport hostile avec ce qui l'entoure. Nous voulons dire par là que Hegel conçoit la modernité, comme ce mouvement de privation de la liberté et d'accroissement de la distance entre le monde et l'être humain, le particulier et l'universel, par le biais de la domination de la théocratie féodale et l'extension d'un individualisme, fondé sur la rupture entre l'être humain, la communauté et la nature. Dans l'Antiquité – au moins pendant certaines phases historiques – l'homme n'était pas simplement un être particulier et isolé, mais un citoyen qui participait à la vie politique, tandis qu'à partir du règne de l'Empire romain, c'était un être soumis à des lois, à la

[67] La critique de l'attitude contemplative du sujet – et plus précisément du travailleur –, de sa réduction en un spectateur impuissant face à un monde social, celui du capital et de la structure marchande, qui existe « *indépendamment de la conscience* », est également formulée par le jeune Lukács. Le penseur marxiste critique la soumission de l'ouvrier à un devenir social-historique qui lui est étranger et à des lois qui lui sont aussi étrangères. Voir son essai « *La réification et la conscience du prolétariat* » de son livre *Histoire et conscience de classe* [1923], p. 117 et p. 126, traduit par Kostas Axelos et Jacqueline Bois, Éditions de Minuit, collection « Arguments », Paris, 1960.

création desquelles ne prenait pas part et plus tard, il est devenu un serf et un croyant passif.

Ainsi, la thématique d'une réalité dans laquelle l'esprit humain ne peut pas se reconnaître, est clairement en élaboration dans les textes que nous venons de commenter. De plus, l'idée que le réel est constitué à travers des contradictions omniprésentes et des instances telles que l'Église dans ce cas, qui oppriment l'être humain en chosifiant son rapport avec le monde et en réifiant également l'être humain lui-même, en le réduisant en un être inactif, est très importante.

En ce point, nous pouvons repérer des similitudes entre la problématique de la privation et de l'objectivation dans les écrits de Berne et de Francfort, et l'aliénation dans la *Phénoménologie de l'esprit*. Le prolongement théorique le plus significatif à nos yeux, repose sur le mouvement de l'esprit humain dans l'histoire, son rapport avec le monde et sur la possibilité qu'il (re)devienne libre. Pour le dire autrement, il s'agit de la vision mature de la philosophie de l'histoire de Hegel, à savoir comprendre le déploiement de l'histoire humaine comme un état originaire de liberté, une aliénation et une suppression nécessaires de cette liberté et finalement, une désaliénation. Lukács décrit cette linéarité dans la pensée hégélienne, en associant la problématique de la positivité à celle de l'objectivation, et en comparant cette vision historique à celle de Rousseau :

D'une part dans le caractère social fortement accentué des forces motrices de l'évolution historique (si mystifiés de manière idéaliste que soient ces forces), et d'autre part en ce que, déjà pour le jeune Hegel, le noyau de l'évolution historique consiste dans l'histoire de la religion humaine. C'est précisément par le fait que la positivité de la religion implique certes une conception générale de l'objectivité, mais qu'elle constitue essentiellement un résultat de l'évolution sociale, produit historiquement et voué à être dépassé au cours de l'histoire, que naît une dialectique historique de la liberté, même si elle est construite très abstraitement et de façon très idéaliste. Le processus de l'histoire consiste, durant la période de Berne, en une grande construction triadique : liberté originaire et auto-activité de la société humaine, perte de cette liberté sous la domination de la positivité, reconquête de la liberté perdue. Une telle connexion entre cette philosophie de l'histoire et les conceptions idéalistes-dialectiques de l'histoire chez Rousseau est frappante[68].

D'après Hegel à Berne, c'est la religion chrétienne le point culminant de la positivité, qui est posée comme obstacle à la réalisation de la liberté humaine et à la formation d'une subjectivité autonome. Mais, la critique de Hegel s'adresse plutôt au positivisme qu'à la religion en général. Néanmoins, la positivité comme l'amour dans la période de Francfort, désigne la fixation de Hegel sur la suppression de l'objectivité et sur une autre idée capitale qui se cristallise dans son esprit, c'est-à-dire l'union entre le sujet et l'objet. Cette idée deviendra dominante dans sa période mature, et de même l'aliénation et l'objectivité, concepts que Marx reprendra pour fonder l'aliénation du travail et le fétichisme de la marchandise, comme des processus qui dépossèdent l'être humain de ses propres forces et le soumettent mentalement et physiquement, à des hiérarchies et des mécanismes qui deviennent plus forts que lui.

Il faut cependant souligner que pour le jeune Hegel à Berne, la religion chrétienne n'était pas dès son origine positive. Sa positivité est le produit d'un processus historique très concret, ainsi que le résultat de son assimilation progressive par les puissances politiques dominantes. Ce que nous voulons alors retenir de la critique hégélienne, est la mise en question de la formation des êtres humains qui d'une part se soumettent

---

[68] G. Lukács, *op.cit.*, p. 171.

machinalement à un ensemble de règles, en supprimant leur propre liberté, et qui d'autre part prennent de la distance de leur propre sensibilité, situations qui finissent par considérer comme naturelles et légitimes.

L'interrogation sur le christianisme est poursuivie dans les textes de la période de Francfort (1797-1800), et surtout dans les manuscrits de *L'esprit du christianisme et son destin* (*Der Geist des Christentums und sein Schicksal*). Comme nous avons déjà mentionné, ce texte a été publié par Nohl dans « *Les écrits théologiques de jeunesse* » de Hegel, à savoir les écrits rédigés par le jeune penseur entre 1792 et 1800. Le texte contient plusieurs fragments et il semble que Hegel l'a rédigé en plusieurs moments entre 1797 et 1800. La période de Francfort est capitale dans l'évolution intellectuelle de Hegel, mais aussi pour notre recherche, puisqu'il s'agit du moment où les concepts de *contradiction* et d'*Aufhebung* apparaissent dans sa pensée et encore plus, la thématique de l'opposition et de la scission entre l'être humain et le monde en tant que *destin*, s'articule en détail. De même, le problème de la positivité réapparaît à Francfort, mais d'une façon plus élaborée et au même moment que Hegel commence à s'interroger sur l'économie politique, la propriété privée et le travail. Notre compréhension de la thématique de l'aliénation chez Hegel, doit passer par toutes les phases que le penseur allemand a traversé, afin qu'il parvienne à former cette notion telle que nous la trouvons dans la *Phénoménologie de l'esprit*, c'est-à-dire non simplement comme déchirement de la conscience face à l'extériorité, mais comme nécessité de réalisation de l'Esprit.

Positivité, scission et destin dans les écrits de Francfort

B)1. La question de la séparation et de l'opposition de l'être humain au monde et à la communauté dans la période de Francfort (1797-1800) : *L'esprit du christianisme et son destin*

Ces écrits de la période de Francfort que Hegel n'a pas publié de son vivant, mais il les a conservés tout au long de sa vie sont importants, étant donné qu'ils sont le fruit d'une période de transition de sa pensée de jeunesse, vers la pensée systématique de la maturité. Il s'agit également, du moment de la rédaction par Hegel (1799) d'un commentaire aujourd'hui perdu, sur les théories économiques de l'économiste écossais James Denham-Steuart (1712-1780). Dans cette période pendant laquelle Hegel construit son chemin vers la dialectique, influencé par son ami du *Stift*, Hölderlin, il tend vers une réflexion sur la totalité ou mieux, une pensée de reprise de la totalité et de réalisation d'une unification. Bref, la « réconciliation » (*Versöhnung*) devient une notion philosophique centrale pour Hegel, à partir de ses travaux de Francfort.

Dans ces plusieurs pages de réflexion sur l'histoire du peuple juif et par la suite, sur l'histoire du christianisme, Hegel essaie de penser la possibilité d'un dépassement (*Aufhebung*) de la scission historique, et l'unification avec le tout[69]. Ainsi, il tente à travers l'histoire du destin du peuple juif et du christianisme, de comprendre l'histoire de la scission de l'esprit d'un peuple (*Volksgeist*), comment l'esprit se sépare-t-il de lui-même et comment pose-t-il l'amour comme la conciliation de

[69] Hegel à Francfort se force à penser la réalisation de la réconciliation par l'intermédiaire de l'*Aufhebung*, concept qui deviendra crucial pour l'évolution de sa philosophie ultérieure.

toute scission. Donc, dans ce chapitre nous verrons comment Hegel met en place la séparation de l'homme, premièrement avec la nature, deuxièmement avec le divin et troisièmement avec la cité, la communauté politique. Nous travaillerons sur des extraits de *L'esprit du christianisme et son destin*, surtout ceux qui concernent la thématique de la scission et de la dissolution de la vie, du monde opposé à l'être humain, le caractère étranger de la vie humaine sur la terre dans le cas du peuple juif et du christianisme, et l'idée de réconciliation de la vie par l'intermédiaire de l'amour.

Le manuscrit de Hegel commence par une référence à Abraham[70] et dès le premier paragraphe, il note que cet homme devait assumer un destin étranger à lui :

> *Avec Abraham, le vrai patriarche des juifs, commence l'histoire de ce peuple, c'est-à-dire que son esprit est l'unité, l'âme qui a régi tous les destins de sa postérité ; il apparaît sous une figure variable : - selon qu'il combattait diverses forces, ou qu'il perdait sa pureté en adoptant un être étranger quand il succombait à la violence ou à la tentation. [Il apparaît donc] sous la forme variable de l'armement et de la lutte ou de la manière dont il supporte le joug du plus fort ; - cette forme, on l'appelle le destin*[71].

---

[70] D'après María del Carmen Paredes Martín, chez Hegel, Abraham « *est un modèle de négation de la vie, puisqu'il* [le reste du texte est de Hegel, N. F] abandonna les relations dans lesquelles il s'était trouvé avec des parties de la nature, il abandonna ces liens, ces totalités, les dieux qu'il avait servis jusque-là ». Voir Del Carmen Paredes Martín María, « La vie et l'amour dans la pensée de Hegel à Francfort », *Revue philosophique de la France et de l'étranger*, 2007/1 (Tome 132), p. 23-41. URL : http://www.cairn.info/revue-philosophique-2007-1-page-23.htm.

[71] G.W.F.Hegel, *Premiers écrits, (Francfort 1797-1800),* p. 176, textes réunis, introduits, traduits et annotés par Olivier Depré, Librairie Philosophique J. Vrin Paris, 1997 et édition originale, G.W.F Hegel, *Frühe Schriften*, Werke 1, *Der Geist des Christentums und sein*

Ainsi, Hegel exprime à la fois sa thèse et introduit son sujet, c'est-à-dire qu'il parle d'un être humain qui incarne l'unité d'une multitude, du peuple juif et se trouve tantôt en conflit avec *un être étranger* («*...eines fremdartigen Wesens*»), tantôt il combat des forces extérieures et plus puissantes que lui. Cette situation de soumission à quelque chose d'étranger est définie par Hegel comme le *destin*, à savoir l'unité concrète et l'esprit d'un peuple phénoménalisé dans l'histoire, pour utiliser un langage hégélien plus tardif.

Mais comment définir le destin dans les écrits de Hegel à Francfort ? S'agit-il de quelque chose que les êtres humains concrets et les peuples subissent passivement ? Tout d'abord, il faut remarquer que c'est une notion obscure et parfois énigmatique, mais qui néanmoins se rapporte à la positivité. De notre part, nous pouvons donner une première réponse approximative, en restant très près du texte hégélien.

Le destin comme Hegel écrit dans le même texte, est ce qui jette l'homme dans l'action. Le destin est « ce que l'homme est », c'est son affrontement et sa lutte avec la vie et dans la vie. Il est ce à travers quoi l'homme peut se réconcilier avec sa propre vie : « *Ainsi le destin n'est plus un être étranger, comme le châtiment ; il n'est pas une réalité déterminée de façon fixe, comme la mauvaise action dans la conscience morale ; le destin est la conscience de soi, mais comme d'un ennemi* »[72]. Le destin est alors cette unité historique d'un peuple, laquelle bien qu'elle change reste identique à son noyau. Pourtant,

---

Schicksal, p. 274, Suhrkamp-Taschenbuch Wissenschaft, Frankfurt am Main, 1986.

[72] G.W.F Hegel, *op.cit.,* p. 53. Nous parlerons de nouveau de la question du destin, parce qu'elle entretient un rapport profond avec la problématique de l'opposition entre l'homme et le monde étranger.

tirons l'attention à la dernière phrase du texte cité. Il semble que l'être humain s'oppose à sa propre existence. Pour dire les choses autrement, l'être humain se pose « *comme conscience de soi* », mais en même temps il s'appréhende lui-même comme un être opposé : à cause du destin, la vie humaine se transforme en une force antagoniste à elle-même.

Quelques linges plus loin, Hegel introduit une autre idée centrale pour la période de Francfort et pour le reste de sa réflexion philosophique, celle du monde déchiré et d'une nature hostile en lutte constante avec l'être humain, au moins dans le cas du judaïsme et du christianisme. Plus concrètement, Hegel se réfère aux effets du déluge sur la vie des Juifs :

> *L'impression qu'avait faite le déluge de Noé sur le cœur des hommes dut être une profonde déchirure et son effet fut la plus formidable perte de foi en la nature <dans la mesure où il n'y a rien de plus révoltant pour un homme aux dispositions pures que de voir un homme mis à mort – que ce soit à la suite d'un jugement et conformément au droit, ou que ce soit injustement – par une puissance physique contre laquelle il ne peut avoir aucun mouvement de défense> qui, autrefois amicale et tranquille, sortait maintenant de l'équilibre de ses éléments, répliquait maintenant à la foi que le genre humain avait en elle avec l'hostilité la plus irrésistible, la plus indomptable, la plus destructrice et qui, dans son déchaînement, n'épargnait rien par une distinction de l'amour mais répandait partout une dévastation sauvage. L'histoire nous a transmis quelques phénomènes, quelques réactions à l'impression produite par ce crime universel contre l'homme perpétré par des éléments hostiles. Afin que l'homme pût subsister face aux déchaînements de la nature désormais hostile, il fallut la dominer. Et comme le Tout <divisé> ne peut être divisé qu'en idée et en réalité, l'unité supérieure de la domination se trouve soit dans un pensé, soit dans un réel. Noé reconstruisit le monde déchiré* (die zerrissene Welt) *dans le premier ; il fit de son*

idéal pensé un étant et lui opposa alors toute chose comme quelque chose de pensé, c'est-à-dire de dominé[73];

La nature provoque à cause de sa force, le déchirement à l'intérieur des êtres humains et le plus important, elle est la raison de l'instauration d'un rapport hostile entre elle et eux. Selon Hegel, dès le début, le contact du peuple juif avec la nature et le monde est hostile. Pour les Juifs, le rapport avec la nature marque une séparation et un moment de rupture violente. Dans une période de déséquilibre, la nature apparaît comme une puissance violente, inamicale, étrangère, ennemie comme Hegel note, sans pitié pour l'être humain. Par conséquent, l'unité est perdue pour le peuple juif, non simplement en ce qui concerne sa propre histoire, mais aussi par rapport à la totalité qui l'entoure.

Mais essayons de mieux comprendre les deux dernières phrases du texte de Hegel. Afin de survivre face à la nature, cette altérité immaîtrisable et menaçante, l'attitude du peuple juif se transforme radicalement : ce peuple *perd* sa confiance à la nature, qui devient pour lui une puissance hostile qu'il faut avant tout dominer. Or, Noé rétablit l'unité *dans un monde pensé* et non dans le monde réel. Pour Noé, l'unité est possible uniquement dans la pensée. Toutefois, le monde réel et morcelé ne cesse pas d'exister. Ainsi, Noé qui restaure le monde uniquement dans un niveau abstrait, il va transformer chaque être en un être dominé. La vie doit être réduite à un étant assujetti. En d'autres mots, dans ce cas concret donné par le jeune Hegel, « l'idéal pensé » se transforme en étant et chaque présence doit être soumise. Dans cet étant, ou cette totalité formée par Noé – totalité figée – l'idéal pensé conçoit chaque être extérieur comme un idéal pensé qui doit aussi être maîtrisé. La nature aussi bien que

[73] G.W.F Hegel, *op.cit.,* p. 177 et édition originale, *op.cit.,* p. 274-275.

l'objectivité humaine se posent désormais comme adversaires de l'homme et la pensée se redouble comme une entité hostile.

Néanmoins et pour reprendre le fil du texte, ce qui démarque les Juifs de la belle totalité du monde grec est le fait qu'ils n'ont pas essayé de se réconcilier avec la nature et de renverser la réalité de ce monde déchiré. Hegel écrit sur ce sujet :

> *Noé s'assura contre la puissance hostile en la soumettant, ainsi que lui-même, à un être plus puissant, et Nemrod en la domptant lui-même ; tous deux conclurent avec l'ennemi une paix [forcée par] l'état de nécessité et éternisèrent ainsi l'hostilité ; aucun des deux ne se réconcilia avec [cet ennemi] comme l'avait fait un beau couple, Deucalion et Pyrrha après leur déluge, qui invitèrent les hommes à refaire leur amitié avec le monde et à revenir à la nature, qui firent oublier l'état de nécessité et l'hostilité par la joie et la jouissance, qui conclurent une paix de l'amour, devinrent les fondateurs de belles nations et firent de leur temps la mère d'une nature régénérée conservant la fleur de sa jeunesse*[74].

Ainsi, selon Hegel chez les Grecs, la scission avec le monde et la *φύσις* a été un moment bref et passager dans leur destin, tandis que chez les Juifs elle est devenue une situation perpétuée, leur propre présent et leur propre réalité, puisqu'ils n'ont pas pu « *renouer leur amitié avec le monde et la nature* ». Noé n'a pas pu se réconcilier avec cette « *puissance hostile* », à l'encontre de Deucalion et Pyrrha. Nous devons retenir ici, l'élaboration de cette antithèse dans la pensée du jeune Hegel, entre la vie déchirée du peuple juif et la belle et harmonieuse totalité conquise par les Grecs. Pour revenir à la citation de la page précédente, Hegel ne détermine pas le rapport entre

---

[74] G.W.F Hegel, *op.cit.,* p. 179 et édition originale, *op.cit.,* p. 276-277. Nemrod, Nimrud ou Nimrod est un personnage du livre de la Genèse. Il fait partie des descendants de Noé. Nemrod est le premier roi après le Déluge et la tradition rabbinique le considère comme un rebelle.

les Juifs et le monde comme exclusivement hostile, mais comme un rapport de domination. Dans ce cas, l'unité perdue entre l'homme et le monde est reconstruite dans la pensée et aucunement dans la réalité. Il est intéressant de remarquer que d'après Hegel, la nature a été conçue avant tout comme une totalité hostile par les Juifs, à l'encontre des Grecs qui ont pu se réconcilier avec elle, parce qu'ils n'étaient pas emportés par cet esprit de domination et de pouvoir. C'est la domination qui a conduit l'esprit juif, à instaurer un rapport d'hostilité et de déchirement avec la nature, et à l'impossibilité de se mettre en paix avec le monde devenu désormais complètement étranger[75]. La « *zerstörten Vereinigung* » n'a pas pu être renversée et abolie par le peuple juif, parce que ce dernier a voulu dominer la nature, quelque chose qui a déterminé et forgé son destin, un destin de servitude, dominé finalement par le monde déchiré et comme nous allons le voir, par un Dieu transcendant[76]. Pour reprendre ici un terme de Lukács de la maturité, Noé et Nemrod qui veulent dompter le monde, ils vont produire en réalité un être humain « *qui brise ainsi les barrières naturelles et socialise la domination sur la nature...* »[77].

Quelques paragraphes après sa référence à Deucalion et à Pyrrha, Hegel développe d'une façon plus

---

[75] Dès lors, le seul lien entre le peuple juif et le monde passait par l'intermédiaire d'un Dieu qui commandait. Dit en d'autres termes, puisque le monde était devenu un endroit hostile et étranger, le peuple juif avait besoin de la médiation d'une autre puissance étrangère.

[76] Il y a de nouveau l'apparition de cette idée, exprimée déjà par Hegel pendant la période de Berne, selon laquelle le divin étant devenu une entité étrangère à l'être humain, il finit par le dominer et le contrôler, introduisant l'hétéronomie dans sa vie et l'obéissance aux lois extérieures.

[77] G. Lukács, *Prolégomènes à l'ontologie de l'être social* [1971], p. 259, traduit et présenté par Aymeric Monville, Éditions Delga, Paris, 2009.

détaillée l'idée d'un monde opposé et d'un Dieu qui devient étranger à ce monde :

S'il ne devait pas être un néant, le monde entier qui lui était purement et simplement opposé était porté par le dieu qui était étranger à ce monde (war von dem ihr fremden Gott getragen), auquel rien dans la nature ne devait participer, mais par qui tout était dominé. C'est grâce à lui aussi que se maintenait [dans l'existence] l'autre opposé au monde entier qui comme tel aurait tout aussi peu pu être : Abraham ; et c'est toujours par [ce dieu] qu'il entrait dans une relation médiate avec le monde, qui était pour lui la seule manière de liaison possible avec le monde ; - son Idéal lui soumettait [le monde], lui en offrait autant que ce dont il avait besoin, et pour le reste, il assurait sa sécurité. Mais il ne pouvait rien aimer ;{..} Comme Abraham ne pouvait réaliser lui-même la seule relation possible pour le monde infini opposé (die entgegengesetzte unendliche Welt), à savoir la domination, elle resta réservée à son Idéal[78].

---

[78] G.W.F Hegel, *op.cit.,* p. 184 et édition originale, *op.cit.,* p. 279. Il faut faire un nombre de remarques concernant ce passage, parce qu'il contient en quelques linges certaines thématiques, qui sont au centre de notre interrogation sur la critique de la positivité chez Hegel. Tout d'abord, le jeune penseur souligne dans cet extrait – mais cette idée est généralement très présente dans *L'esprit du christianisme et son destin* – l'impossibilité de la part d'Abraham, ce personnage fondamental pour le peuple juif, d'aimer. Étant incapable d'aimer, Abraham s'éloigne du monde de la nature, soumettant ce monde à ses propres besoins, à ses propres fins pratiques. Donc, dans un premier moment nous avons affaire à un désir de domination, qui découle de la perte d'une relation primordiale à la Nature ainsi que d'une scission de la communauté juive de son Dieu. Par là, nous pouvons constater que Hegel met en cause, d'une part l'instrumentalisation de l'extériorité, produite par les êtres humains sous certaines conditions historiques et religieuses et d'autre part, la formation de rapports d'oppression. Il y a alors dans ce cas, un phénomène extrêmement particulier : *l'être humain (dans le contexte du peuple juif) s'aliène tantôt par rapport au monde et au divin, tantôt par rapport aux liens qu'il entretient avec son propre être.* En d'autres termes, l'être humain transforme complètement sa relation à l'extériorité *et* à soi-même. Nous devons ajouter ici, que lorsque nous parlons d'Abraham, de Noé et du peuple juif, nous insérons ces personnages et cette entité dans le

Si nous lisons attentivement ce paragraphe, selon Hegel, le problème est double. D'un côté, nous avons affaire à une étrangeté de l'être humain face au monde et d'un autre côté, d'une étrangeté de Dieu face à ce même monde. Autrement dit, il s'agit de deux cercles avec le même centre, c'est-à-dire d'un Dieu étranger au monde et d'un homme étranger au monde, ou d'un homme qui est foncièrement opposé au monde. Cette situation d'étrangeté est fondée sur l'esprit de domination, par lequel l'être humain et Dieu sont possédés. Il faut noter à ce point que pour Hegel, l'homme a perdu la capacité d'un rapport direct avec le monde, et il doit constamment passer par des intermédiaires et se confronter à des médiations. Dieu est désormais l'être – la médiation – qui assure la liaison de l'homme avec le monde. Puis, cette étrangeté est à la source de l'incapacité d'aimer ou mieux, la vie humaine devient l'endroit de réalisation de la force et de la domination, au lieu de l'amour, de la reprise du tout et de la conciliation harmonieuse de l'être humain avec le monde.

Cette idée aura une configuration philosophique très approfondie dans la *Phénoménologie de l'esprit*, dans les développements sur le maître et le serviteur. Mais pendant la période de Francfort, le monde pour le peuple juif quant au jeune Hegel, est dorénavant le lieu de la scission et de l'opposition (« *entgegengesetzte unendliche Welt* ») où Dieu exerce une domination sur l'homme et l'homme une domination à son tour sur la nature. Ainsi, nous voyons esquissée ici une idée fondamentale de la philosophie hégélienne que nous retrouverons dans la

cadre théorique, intellectuel et critique des travaux précoces de Hegel. Nous ne pouvons pas nous prononcer sur la justesse ou la fausseté des analyses hégéliennes, en ce qui concerne l'histoire du peuple juif, l'évolution de sa religion et de sa spiritualité, tâche qui dépasse considérablement nos compétences théoriques.

Phénoménologie, à savoir que l'esprit doit s'opposer premièrement à lui-même, et ensuite se mettre en question face à une altérité et à l'étrangeté du réel, afin qu'il se retrouve comme conscience de soi et savoir absolu réalisé, et soit capable de maîtriser tout ce qui relève de l'altérité. Sans ce conflit donné par la conscience face au monde opposé et sans qu'elle s'objective, elle ne peut pas non plus se réaliser et se reconnaître dans ce qu'elle a produit.

L'objectif de l'esprit pour Hegel, est de se confronter à la réalité qui est en dehors de lui, à l'altérité absolue de l'extériorité pour revenir en lui-même et comme il dit dans une très belle formulation dans *La raison dans l'Histoire* : « *réaliser sa conscience de soi ; il doit devenir l'objet de lui-même. Il est Esprit seulement dans la mesure où il se connaît et devient objet pour lui-même* »[79]. Le déchirement de l'esprit face au monde est alors une idée, qui remonte à l'époque de Francfort et nous la retrouverons dans le reste de la philosophie hégélienne. Pourtant, dans la *Phénoménologie de l'esprit* le déchirement ne sera pas simplement un élément spirituel du judaïsme et du christianisme, mais un élément constitutif de la culture humaine. Or, la période de Francfort est un moment d'éclaircissement de certaines intuitions de Tübingen et de Berne, c'est-à-dire d'une perception du monde historique européen et de la religion chrétienne, comme de mondes de séparation, d'opposition et de non-liberté.

Néanmoins, le problème pour Hegel provient du fait que le peuple juif avait besoin d'une puissance médiatrice, n'étant plus capable d'avoir un contact harmonieux avec le monde et ayant rompu la paix avec la belle totalité. Le

---

[79] G.W.F Hegel, *La raison dans l'Histoire*, p. 157, traduit par Kostas Papaioannou, Éditions 10/18, Paris, 2003.

monde est désormais devenu double, étranger à lui-même, et le peuple juif attend l'intervention d'une domination étrangère pour que la vie devienne supportable. La vie n'est plus en accord avec l'existence humaine. Il faut retenir cet élément, parce qu'il peut contribuer à une compréhension plus globale de l'aliénation indépendamment de Hegel, et qu'au fond c'est un des éléments les plus persistants de ce concept, c'est-à-dire que le malheur a été introduit dans l'histoire humaine, lorsque la domination sur les autres et par les autres a pris forme.

Donc, l'aliénation ne relève pas d'une situation psychologique ou d'une perte de soi, mais d'un rapport spécifique et distordu avec le monde et les autres, à savoir des rapports médiatisés. Cela nous montre que ce texte du jeune Hegel, est extrêmement actuel pour une réflexion fructueuse sur l'aliénation : si nous mettons entre parenthèse pour un moment le contexte religieux/théologique des fragments de Francfort, et nous retenons le fait que Hegel décrit une existence humaine séparée et hostile au monde, obligée et réduite à le maîtriser et à le dominer, entourée de médiations, cloitrée et enfermée à une vie privée (non-libre) divisée de la totalité, nous pouvons mesurer l'actualité de la réflexion hégélienne et également sa nouveauté et sa radicalité pour son époque.

En d'autres termes, Hegel met en place son questionnement sur la division spirituelle de l'être humain, en même temps qu'il prend ses notes sur l'économie politique et peu avant qu'il réfléchisse sur les divisions internes de la société civile au cours de la période d'Iéna[80]. Il vit lui-même dans une période de contradictions

[80] Voir surtout son texte, *La Philosophie de l'Esprit*.

profondes, de croisement des puissances sociales opposées et de destruction d'anciennes formes de vie. Il est le témoin d'un commencement de transformations, lesquelles aboutiront à la formation du monde capitaliste et industriel, à savoir un monde qui divise et anéantit l'être humain par le biais de l'assujettissement au travail salarié et à la marchandise. Cette thématique du monde opposé devient selon nous, un élément qui relie la perspective de Hegel à celle de Marx et plus concrètement, le schéma de la médiation à laquelle les êtres humains doivent obéir et en même temps, continuer de se sentir et d'être aliénés.

En outre, il est important de noter que les considérations du jeune Hegel jusqu'au moment, semblent être voisines des positions de Rousseau, au sens que lorsque l'homme rompt ses rapports avec le monde et la nature, se trouve condamné à une existence malheureuse et appauvrie, devenant hostile à l'égard de la société et des institutions qu'il a lui-même créées, et ayant en réalité des rapports de méfiance et d'opposition avec son entourage social. Mais, pour revenir à *L'esprit du christianisme et son destin*, Hegel continue en critiquant l'esprit qui conserve docilement les traditions des ancêtres :

Le principe de toute la législation était l'esprit hérité des ancêtres – l'objet infini, le concept interne de toute la vérité et de toutes les relations, c'est-à-dire plus précisément le seul et unique sujet infini – puisqu'il ne peut être nommé objet que dans la mesure où l'homme est présupposé avec sa vie qu'il reçoit en don, et où il signifie le sujet vivant, absolu –, l'unique synthèse pour ainsi dire ; les antithèses étant le peuple juif d'une part, et tout le reste du genre humain et le monde d'autre part. Ces antithèses sont les vrais, les purs objets, ce que ceux-ci sont vis-à-vis de quelque chose qui se trouve hors d'eux, vis-à-vis d'un infini, c'est-à-dire [quelque chose] sans contenu et vide, sans vie, pas même mort – un néant ; elles ne sont qu'un quelque chose, mais pour autant que l'objet infini en fasse quelque chose, un produit et non pas un étant, [un produit] qui n'a pour lui ni vie, ni droit, ni amour. Une hostilité universelle ne laisse place qu'à une dépendance physique, une existence animale, qui ne peut donc être assurée qu'aux frais des autres, et que les juifs tenaient en fief. Cette exception [en leur faveur], cette sécurité isolée et attendue résulte nécessairement de la séparation infinie (*unendlichen Trennung*)[81].

Il faut tout d'abord remarquer, que le jeune penseur appréhende le présent du peuple juif comme profondément dominé par la tradition. À savoir que son présent est ordonné par une législation héritée. Ce qui est inactif et mort parvient alors à déterminer la réalité ainsi que les relations que les êtres entretiennent entre eux et avec le monde. Plus exactement, ces relations et la vérité sont accordées et transmises au peuple juif par une objectivité hétéronome et hostile. En fait, Hegel pose l'opposition du peuple juif sur une base plus radicale, soit celle d'une existence qui s'élève contre toute altérité et le monde. Le peuple juif est la condensation des antithèses, qui s'oppose perpétuellement à la totalité existante.

Or, ce que nous devons retenir de cet extrait n'est pas seulement l'opposition entre l'homme et le monde, déjà prononcée par Hegel, mais trois autres éléments. Premièrement, ce passage de *L'Esprit du christianisme et son destin* est bel et bien indicatif du cheminement philosophique du jeune Hegel et caractéristique de l'idée qu'il se fait de la séparation et de l'union du sujet et de l'objet. Dieu constituait la seule possibilité d'unification de la scission entre le peuple juif et le monde opposé. Comme nous avons pu le constater, selon Hegel le seul intermédiaire entre le peuple juif et le monde devenu étranger après le déluge, était Dieu. C'est la raison pour laquelle, il parle d'objet infini (*das unendliche Objekt*) et de sujet infini (*unendliche Subjekt*), à titre d'une synthèse

[81] G.W.F Hegel, *L'esprit du christianisme du destin*, p. 188-189 et édition originale, *op.cit.*, p. 283.

possible entre le peuple juif et le monde. Donc, nous discernons à travers l'esquisse de la division du monde et de l'être humain chez Hegel, une première élaboration de la problématique de la séparation du sujet et de l'objet, thématique qui deviendra centrale dans sa pensée de la maturité, comme effort de dépassement de la séparation entre la conscience et l'extériorité, et d'identification de ces deux pôles.

Deuxièmement, la phrase la plus significative pour notre propos est la suivante :

Ces antithèses sont les vrais, les purs objets, ce que ceux-ci sont vis-à-vis de quelque chose qui se trouve hors d'eux, vis-à-vis d'un infini, c'est-à-dire [quelque chose] sans contenu et vide, sans vie, pas même mort – un néant ; elles ne sont qu'un quelque chose, mais pour autant que l'objet infini en fasse quelque chose, un produit et non pas un étant, [un produit] qui n'a pour lui ni vie, ni droit, ni amour[82].

Hegel expose à présent, la question de l'union entre l'*objet infini* et le *sujet vivant*. Mais, les contenus de cet objet infini et du sujet ne sont pas découpes les uns des autres. L'objet infini est la synthèse entre le monde, le résultat de l'union entre le monde et le peuple juif (le sujet vivant). Or, pour qu'il y ait une réconciliation, il doit y avoir premièrement des êtres opposés. L'antithèse est antérieure à la synthèse et à la réunion de ces deux « corps » opposés, le monde et le peuple juif (les êtres humains). Aux yeux de Hegel, ce qui permet concrètement la synthèse de ces deux entités, c'est l'esprit ancestral de législation qui à son tour découle et est le synonyme de Dieu.

[82] Nous pouvons apercevoir à partir de cet extrait, la différence immense entre la compréhension jeune hégélienne de l'infini et celle par exemple, qui sera déployée dans le premier volume de la *Science de la logique*, la *Doctrine de l'Être* (1812).

Donc, dans un premier niveau il y a une unité entre la collectivité humaine et l'extériorité mondaine, grâce à Dieu qui synthétise ces éléments antithétiques. De l'autre côté, Hegel met en relief l'opposition entre le monde et le peuple juif (le sujet), l'état et le destin tordu de cette communauté humaine, comme un rapport particulier envers une extériorité hostile et ravagée. Pourtant, la difficulté et l'originalité de ce passage consiste au fait que Hegel conçoit la synthèse des antithèses (monde-sujet humain) à la fois, comme objet infini et sujet infini/vivant. C'est-à-dire que l'objet est indispensable au sujet et inversement. Le jeune Hegel comprend l'objet et le sujet comme principes de séparation et d'union et en même temps, il met les fondements de l'identité, de la coexistence entre le sujet et l'objet ainsi que d'une interpénétration réciproque. En revanche, la relation unifiée entre le monde et l'homme constitue le sujet vivant, la totalité des rapports entre la subjectivité et l'extériorité. Autrement dit, la synthèse ne peut provenir que de la subjectivité humaine et de sa rencontre avec l'objectif, fondée sur le principe de législation (Dieu). Le peuple juif intériorise ses oppositions avec le monde, *en devenant l'antithèse par excellence*. Dès lors, il se définit par rapport à quelque chose qui lui est extérieur.

Mais, nous constatons que les deux pôles de ce conflit, c'est-à-dire le peuple juif et le monde, sont des objets l'un pour l'autre et que dans le cas du peuple juif, c'est le sentiment de la séparation qui prédomine son rapport avec le *genre humain et le monde*. Hegel nomme « objets » tous ces êtres, le monde, le peuple juif et le genre humain, parce qu'ils sont extérieurs les uns aux autres. En d'autres termes, il nous semble que Hegel identifie dans ce cas l'extériorité à l'objectivité. Les objets se rapportent toujours à une extériorité, à un être qui est une altérité et un infini, infini étant donné que selon Hegel, ces objets, le genre humain et le monde sont perçus et sont devenus pour le peuple juif des réalités anéanties et inversement, le monde et le genre humain se sont altérés en des entités étrangères et hostiles pour le peuple juif. C'est pour cela que Hegel note à la suite de notre extrait que : « *Une hostilité universelle ne laisse place qu'à une dépendance physique* » et que « *cette exception [en leur faveur], cette sécurité isolée et attendue résulte nécessairement de la séparation infinie* ».

Cependant qu'est-ce qu'il entend par néant ? Ce néant est le monde et le genre humain dans leur rapport avec le peuple juif. Or, l'extériorité s'est transformée pour les Juifs en une entité silencieuse, dans laquelle ils ne trouvent plus des réponses, mais exclusivement *des séparations infinies*. Ainsi, le rapport humain à l'extériorité est conditionné par une hostilité omniprésente, et il se confronte à des êtres anéantis, privés de vie et d'amour.

Bien plus, cette extériorité qui est un « néant » (*ein Nichts*) infini et absolu, signifie plusieurs choses dans le vocabulaire philosophique du jeune Hegel. Cette extériorité peut décrire l'invisibilité de Dieu ou la dépendance physique, à savoir l'hostilité perpétuelle des Juifs à l'égard de la nature. Toutefois, elle peut signifier aussi l'opposition (l'antithèse) des objets sans contenu et sans vie, parce que l'objectif paraît être pour Hegel, le synonyme de la séparation. Cela veut dire que le philosophe allemand parle d'objet, lorsque Dieu et la communauté humaine sont scindés, découpés et morcelés du *sujet vivant*. Ceci dit, l'extériorité divine et la communauté humaine configurées comme *législation*, ne constituent plus un tout avec l'existence humaine et elles ne sont pas une synthèse infinie, mais elles se sont transformées en « un monde opposé » et en un infini sans contenu, en un mot vide.

Nous constatons que la distance entre l'être humain (le peuple juif) et le monde est profondément ancrée dans la pensée de Hegel à Francfort. Il faut également garder à l'esprit, le rapport qu'il y a d'après Hegel, entre d'une part l'objectivité et d'autre part la séparation mutuelle et l'hostilité universelle entre les êtres humains. Deuxièmement, retenons la formulation de la fusion idéale de l'objet et du sujet, comme possibilité de l'être humain de communiquer et de faire partie d'un être plus originaire que lui (Dieu et la synthèse infinie du peuple juif avec le monde) qui semble être perdue. Il y a encore les premières formulations, de ce qui deviendra la méthode dialectique et l'objectif de l'idéalisme absolu hégélien : l'union du sujet et de l'objet. Pourtant, ce qui nous intéresse le plus dans le texte présent, est cet élément d'impossibilité de l'être humain de retrouver une place dans le monde et l'objectivité qui lui est désormais foncièrement hostile.

Troisièmement, il faut souligner que l'hostilité universelle dont Hegel parle dans le passage cité, donne lieu à de rapports de contrainte et de dépendance et non à de rapports de liberté entre les êtres humains et d'auto-affirmation de leur existence. C'est-à-dire que l'élément central, qui détermine les rapports interhumains dans le contexte historique décrit par Hegel, est la réalité de la domination de certains êtres humains sur d'autres êtres humains et l'instrumentalisation de ces derniers, toujours en vue de perpétuer un ordre social qui est fondé sur l'autorité des commandements. Il s'en suit que le peuple juif conçoit cette domination et ces commandements comme la vérité[83].

Ainsi, Hegel à Francfort comprend la séparation comme processus d'accentuation de la scission entre d'une part le monde physique, la communauté humaine, Dieu et le peuple juif et d'autre part, comme incapacité de s'inscrire dans une totalité qui dépasse les êtres particuliers. En outre, il semble que la réalité est constituée par des contradictions, extérieures les unes aux autres et est profondément régie par l'incapacité des êtres

---

[83] Selon le jeune penseur, ce qui pèse sur le destin du peuple juif est exactement une domination qu'il a petit à petit perçu comme la vérité. Hegel écrit : «*...quelle vérité plus profonde y a-t-il pour les serviteurs que d'avoir un maître. Mais Mendelssohn a raison de ne pas appeler cela une vérité, car sous la forme de vérités, de questions de foi, cela ne leur paraissait pas ce que nous y trouvons comme vérité ; car la vérité est quelque chose de libre que nous ne maîtrisons pas et qui nous ne maîtrise pas ; donc l'existence de Dieu n'apparaît pas comme une vérité, mais comme un ordre ; les Juifs dépendent de Dieu de part en part, et ce dont on est dépendant ne peut avoir la forme d'une vérité ; car la vérité est la beauté présentée à l'entendement, le caractère négatif de la vérité est liberté. Mais comment la beauté aurait-elle pu faire douter ceux qui voyaient en tout seulement matière, et exercer la raison et la liberté en ceux qui étaient seulement dominés ou dominateurs...*». Voir G.W. F Hegel, *Werke 1, Frühe Schriften* [*Der Geist des Christentums und sein Schicksal*], p. 288, Suhrkamp Verlag, Theorie Werkausgabe, Frankfurt am Main, 1971 et notre traduction. D'après ces lignes, le fait d'être asservi n'a aucun rapport avec la vérité et bien plus, la vérité est quelque chose d'immaîtrisable et qui ne soumet pas les autres. Au contraire pour les Juifs, Dieu est essentiellement une dépendance asservissante, contraignante et aliénante. Ainsi, le jeune Hegel dissocie dans ce texte la vérité, la beauté et la raison de rapports de servitude. Pour Hegel, avoir de rapports de dépendance même s'il s'agit de Dieu, c'est quelque chose qui mène à la servitude. À partir de l'extrait cité, prolongeons son argument et disons qu'il dissocie le fait d'être asservi ou d'être maître de la possibilité d'avoir un rapport affirmatif à soi-même, à autrui et au monde.

de se reconnaître dans ce qui les entoure. Mais, ce qui est aussi présent ici est la thématique de la période bernoise, de l'élément mort et du positif qui se perpétue à Francfort, comme Lukács le fait remarquer :

> *Au début, Hegel oppose avec une rudesse qui est un héritage de sa méthodologie bernoise le subjectif, l'humain et le vivant à l'objectif, au mort et au positif. Mais, précisément en raison de la nouvelle problématique, ces antagonismes abrupts se dissolvent de plus en plus dans des contradictions mouvantes. D'une part, l'obscurité mystique de ses conceptions en est accrue ; le domaine religieux reste, durant toute la période de Francfort, la sphère effective de la vie réelle, de la véritable vitalité, de la véritable suppression du caractère mort et positif. Mais d'autre part, à partir des confrontations concrètes du subjectif et de l'objectif se développent des contradictions toujours nouvelles, de plus en plus complexes, qui empruntent une direction toute différente de celle que prend le schéma philosophique général, orienté vers la religion*[84].

Si nous comprenons bien cet extrait, le malheur du peuple juif provient de sa relation figée à une extériorité, dans laquelle il ne se reconnaît pas et qui pèse sur lui comme néant, « même pas mort » comme Hegel écrit. À partir de ces lignes, nous pouvons également comprendre le chemin qui aboutira à la *Phénoménologie de l'esprit*, au sens où le sujet et l'objet devront devenir identiques, la suppression dialectique de la séparation entre la conscience et la culture devra avoir lieu, le fait que la conscience se nie et sort d'elle-même et retourne en soi, ayant dépassé les divisions du réel et ayant conçu le *concept*, se réalisera. En d'autres termes, Hegel esquisse une situation, pensant en même temps les possibilités de son renversement, de négation et de suppression de ce qui rend l'homme étranger au monde et à la nature. Lukács écrit les lignes suivantes sur ce concept que Hegel avait élaboré pour surmonter les contradictions :

[84] G. Lukács, *Le jeune Hegel*, tome I, p. 222-223.

Nous ne l'avons pas fait par hasard, car cette catégorie, (Lukács parle de la réconciliation) *contre laquelle Hegel, on se le rappelle, a mené à Berne le combat le plus violent {...}, apparaît précisément dans la période présente comme un problème central de sa pensée. La relation de l'individu avec la société bourgeoise est scrutée dans ses contradictions ; mieux encore : au cours de l'observation concrète, des contradictions nouvelles apparaissent sans cesse ; le but de la pensée hégélienne consiste cependant à dépasser (*aufheben*) ces contradictions, à la amener à la réconciliation – (Le terme* Aufhebung*, qui prendra tant d'importance par la suite, apparaît pour la première fois chez Hegel au cours de la période de Francfort, et devient peu à peu une catégorie dominante de sa pensée*[85].

Donc, et pour retourner à l'*Esprit du christianisme et son destin*, Hegel décrit l'existence juive comme éminemment étrangère à l'extériorité et au divin[86] et comme une unité privée de sentiments et vide, parce qu'elle est fondée sur la croyance d'un culte imposé et d'une relation répétitive avec Dieu. La vacuité du temps vécu par les êtres humains qui sont étrangers au monde, est la cause de la privation des sentiments et de la servilité. Le jeune Hegel utilise en ce moment, le mot *fremdes* en allemand, lequel dans la *Phénoménologie* exprimera certains mouvements de l'esprit d'une importance centrale, en tant qu'*Entfremdung*. Plus précisément, il écrit :

Les trois grandes fêtes annuelles, que l'on fêtait pour la plus grande part à coup de festins et de danses, sont ce qu'il y a de plus humain dans la constitution mosaïque ; mais très caractéristique est

---

[85] *Ibid.*, p. 200-201.

[86] Hegel fait encore une fois la comparaison entre les Grecs et l'esprit juif, en parlant de la non-exclusion des mystères d'Eleusis des croyants, à l'encontre de la religion judaïque où le rapport avec Dieu reste au niveau du service du culte. D'après Hegel, pour les Israélites « *le sacré était éternellement en dehors d'eux, invisible et insensible* ». Voir *op.cit.*, p. 191 et édition originale : « *...das Heilige war ewig außer ihnen, ungesehen und ungefühlt* ». Voir *op.cit.*, p. 285.

la fête de chaque septième jour ; pour des esclaves, ce congé doit évidemment être le bienvenu, c'est un jour de repos après six jours d'efforts. Mais dans le cas d'hommes par ailleurs libres, vivants, se tenir tout un jour dans une simple vacuité, dans une unité inactive de l'esprit, faire du temps qu'ils consacrent à Dieu un temps vide et répéter si souvent cette vacuité : voilà qui ne pouvait venir qu'à l'esprit du législateur d'un peuple pour lequel l'unité triste privée de sentiments est ce qu'il y a de plus élevé, et qui oppose à son dieu la vie que mène celui-ci pendant six jours dans la nouvelle vie d'un monde, qui considère cette vie comme une aliénation de soi hors de soi-même, après laquelle on le fait prendre du repos (es als ein *fremdes Herausgehen* aus sich betrachtet und ihn darauf ausruhen läßt)[87].

Hegel considère que l'existence humaine est une propriété privée, accordée par Dieu au peuple juif. La vie de ce peuple est quelque chose « *qu'il reçoit en don* », comme le résultat d'un acte de grâce. Dit en d'autres termes, son existence est profondément hétéronome. Le temps vécu s'est altéré à son tour à une réalité étrangère pour les êtres humains, se répétant constamment à cause de l'esprit positif de la religion judaïque et de son caractère servile et légaliste. Pour le jeune Hegel, l'esprit de servitude est à la base d'une vie qui finit par devenir étrangère à elle-même et essentiellement morte, un néant comme nous voyions quelques pages auparavant[88]. En d'autres mots, la religion est devenue un élément opposé et hostile à la vie.

Mais, le point le plus intéressant de ce paragraphe, consiste à ce « *als ein fremdes Herausgehen aus sich* ». La

---

[87] G.W.F Hegel, *op.cit.,* p. 192 et édition originale, *op.cit.,* p. 286, c'est nous qui soulignons.

[88] Il ne serait pas inutile de rappeler ici, que le serviteur aussi dans la *Phénoménologie de l'esprit* est précisément défini par sa servitude. Bien plus, jusqu'à un certain moment de son conflit avec le maître, l'existence servile est traversée et dominée par la crainte, chose qui la rend dépendante et assujettie.

traduction même de cette phrase demande de l'attention. Olivier Depré la traduit comme nous avons vu « *comme une aliénation de soi hors de soi-même* ». Jacques Martin l'interprète simplement « *comme une aliénation* »[89]. Nous pouvons aussi la traduire d'une façon légèrement différente : « *une sortie étrangère hors de soi-même* ». Hegel entend par ce paragraphe, que même l'idée de la liberté est difficilement conçue par l'esprit juif, commandé par la soumission à l'autorité et beaucoup plus, que l'élément divin pour les Juifs est pleinement séparé du monde humain. Troisièmement, au sens où le contact avec Dieu et le monde est devenu si vide et extérieur chez le peuple juif, nous comprenons que chaque contact avec ces deux êtres leur est hostile et que chaque rapport avec le divin et la nature ne les concerne pas effectivement. Nous soulignons que l'extériorité ne concerne le peuple juif que dans un sens *positif*, pour reprendre un terme de la période bernoise, et que la totalité extérieure est divisée et séparée de l'existence humaine, à savoir que l'esprit d'obéissance à l'élément mort et au rituel de la religion judaïque ne permet pas la réconciliation (*Versöhnung*) entre le sujet et l'objet, entre l'être humain et l'extériorité.

Par conséquent, l'existence juive est décriée comme un rapport éminemment étranger au monde et au divin, comme une liaison constante avec quelque chose d'étranger qui ne peut pas faire partie d'une vie réconciliée et libre. L'élément positif qui domine le peuple juif est en réalité, ce qui l'oblige à poser inlassablement l'union au-dehors et à nier toute réconciliation. Le monde est devenu un endroit hostile sans perspective de restitution d'une harmonie, telle que nous la trouvions

[89] Voir G.W.F Hegel, *L'esprit du christianisme et son destin*, p. 14, traduit par Jacques Martin, Librairie Philosophique J. Vrin, Paris, 1971.

dans la cité grecque[90]. Le destin du judaïsme pour le jeune Hegel, consistait à une perpétuelle « *sortie étrangère hors de soi-même* », sans la possibilité de rétablir la continuité avec le monde. Le résultat du caractère positif de la religion juive, c'est-à-dire de l'opposition entre le subjectif et l'objectif était ceci : « *Dans cette passivité totale, il ne leur restait rien d'autre, en dehors du témoignage de leur servilité, que le simple et vide besoin de conserver leur existence physique et de la garantir contre cet état de nécessité* »[91]. La séparation du peuple juif avec le monde est manifeste, même dans son rapport hostile avec la terre, contrairement à la réalité grecque :

> *Dans les républiques grecques, la source de ces lois était qu'à cause de l'inégalité qui aurait surgi sans elles, la liberté des [citoyens] appauvris aurait pu être mise en danger, et qu'ils auraient pu être conduits à un anéantissement politique ; chez les juifs, [la source de ces lois était] qu'ils n'avaient ni liberté ni droits – ils ne possédaient toutes choses qu'à titre de prêt et non à titre de propriété (Lv 25, 33 sq. et 35 : Vous ne pouvez vous défaire de rien, car le sol est à moi, vous êtes étrangers chez moi, et originaires d'une nation étrangère)* (*ihr könnt nichts veräußern, denn der Boden ist mein, ihr seid bei mir Fremde und Einheimische von fremder Nation*) *–, et que tous autant qu'ils fussent, ils n'étaient rien en tant que citoyens. Les Grecs devaient être égaux parce qu'ils étaient* tous *libres, indépendants ; tandis que les juifs étaient égaux parce que* tous *étaient incapables d'autosubsistance. C'est ainsi que chaque juif appartenait à une famille parce qu'il disposait d'une partie de sa terre, mais cette terre, la famille elle-même ne pouvait pas dire qu'elle fût sienne : elle ne lui était concédée que par grâce !*[92]

---

[90] Certes, le jeune Hegel a encore une vision assez idéaliste de la Grèce antique, qui est largement imprégnée de l'influence de son ami, Hölderlin.

[91] G.W.F Hegel, *op.cit.*, p. 192 et édition originale, *op.cit.*, p. 286.

[92] G.W.F Hegel, *op.cit.*, p. 196 et édition originale, *op.cit.*, p. 289-290. Nous devons noter l'usage culminant pendant la période de Francfort du terme *Fremd* par Hegel, qui exprime le rapport hostile du peuple juif avec l'extériorité brisée et scindée, Dieu et le monde.

Cette scission du peuple juif semble être pourtant ambigüe et surmontable. Hegel pense que le destin juif, bien que contradictoire et hostile à son propre être et au monde, il peut être altéré en se réconciliant avec soi-même et en se supprimant, réflexion qui préconise un autre concept capital pour sa dialectique de la maturité, celui de l'*Aufhebung*[93]. Plus exactement, Hegel écrit :

[93] Nous avions vu ce que Lukács disait à propos de l'importance croissante de l'*Aufhebung*, dans la pensée de Hegel à partir de la période de Francfort. Le verbe *Aufheben* en allemand a plusieurs sens. Il signifie simultanément nier, ôter ou supprimer, conserver, ramasser, abroger ou garder quelque chose. Ce dépassement qu'en même temps conserve et préserve tous les stades et les formes précédents de l'esprit, dans une nouvelle synthèse, démontre pour Hegel tout le génie spéculatif de la langue allcmande, parce qu'il rassemble étroitement deux significations opposées, celles de conserver d'un côté (*aufbewahren*) et supprimer de l'autre (*hinwegräumen*). Hegel identifie le fait de conserver quelque chose à sa suppression. *Aufheben* est le propre du processus dialectique hégélien. Il s'agit du dépassement d'une contradiction, où les éléments en conflit sont affirmés et niés à la fois, donc gardés et préservés dans une perspective de réconciliation. Nous préservons un objet en le conservant de la corruption, nous le posons et nous le supprimons à la fois, en niant sa négation. Certes, l'*Aufhebung* a une évolution dans la pensée de Hegel. Dans la période de Francfort exprime encore un sens négatif. Mais, Hegel introduit graduellement cette multitude de sens qui nous est désormais connue. Ainsi, l'*Aufhebung* indique la négation en tant qu'elle pose, la suppression en tant qu'elle conserve. Hegel dans sa maturité expliquera en détail le sens positif et négatif de ce verbe : « *Par aufheben nous entendons d'abord la même chose que par hinwegräumen (abroger), negieren (nier), et nous disons en conséquence, par exemple, qu'une loi, une disposition, etc., sont aufgehoben (abrogées). Mais, en outre, aufheben signifie aussi la même chose que aufbewahren (conserver), et nous disons en ce sens, que quelque chose est bien wohl aufgehoben (bien conservé). Cette ambiguïté dans l'usage de la langue, suivant laquelle le même mot a une signification négative et une signification positive, on ne peut la regarder comme accidentelle et l'on ne peut absolument pas faire à la langue le reproche de prêter à confusion, mais on a à reconnaître ici*

Tous les états consécutifs du peuple juif, jusqu'à l'état sordide, infâme, misérable dans lequel il se trouve encore de nos jours ne sont que les conséquences et les développements de son destin originel par lequel les juifs furent maltraités - c'est-à-dire par une puissance infinie qu'ils s'opposaient à eux-mêmes de façon insurmontable ; et [ce destin continuera à les maltraiter] jusqu'à ce qu'ils réconcilient avec lui dans l'esprit de beauté, et donc le suppriment par la réconciliation (*die Versöhnung aufheben*, c'est nous qui soulignons)[94].

Donc, deux concepts importants pour la dialectique hégélienne apparaissent dans les écrits de Francfort, celui de l'*Aufhebung* et celui de la réconciliation concernant le destin du peuple juif et son rapport au monde, qui deviendront centraux dans la *Phénoménologie de l'esprit*, marquant l'unité entre le concept et l'être. Autrement dit, quant à Hegel, le sentiment d'être hors de soi, d'être foncièrement autre, étranger au monde et au divin, peut être résolu par ce qu'il nomme *« esprit de beauté »* et comme nous verrons plus loin, par son concept d'*amour*. Hegel exprime un espoir au sujet de l'avenir du peuple juif et de sa possibilité de réconciliation avec la nature et le monde. Néanmoins, il estime que son passé était une sorte de tragédie causée par l'attachement de cette communauté à des objets :

La grande tragédie du peuple juif n'est pas une tragédie grecque, elle ne peut éveiller ni la crainte ni la compassion, car celles-ci ne surgissent que du destin d'un faux pas nécessaire commis par un être beau ; [la tragédie du peuple juif] ne peut éveiller que le dégoût. Le destin du peuple juif est le destin de Macbeth, qui sortit de la nature même, s'attacha à des êtres étrangers (*sich an fremde Wesen*) *et, à leur service, dut ainsi nécessairement fouler aux pieds et massacrer toute la sacralité de la nature humaine, être finalement*

---

l'esprit spéculatif de notre langue, qui va au-delà du simple "ou bien-ou bien" propre à l'entendement ». Voir *Encyclopédie des sciences philosophiques*, p. 530, traduit par B. Bourgeois, tome I, Librairie Philosophique J. Vrin, Paris, 1970.

[94] G.W.F Hegel, *Premiers écrits*, p. 198 et édition originale, *op.cit.*, p. 292.

abandonné par ses dieux – car ils étaient des objets, et lui était esclave (es waren Objekte, er war Knecht) – et être foudroyé dans sa foi elle-même[95].

Une autre idée apparaît également dans cet extrait, annonçant le concept d'aliénation (*Entfremdung*) de la maturité, mais en se tenant en même temps, dans les limites des préoccupations intellectuelles et philosophiques de la période de Francfort. Nous entendons par « limites » la centralité qui acquiert chez le jeune Hegel, la critique de la religion positive comme fondement de la servitude de l'être humain et conséquemment, la réalisation de la liberté dans un monde de servitude, de soumission et de scission. En d'autres termes, une des questions capitales de Hegel à Francfort, était comment serait-il possible de passer de la servitude à la liberté. Cependant, il concevait la question religieuse comme une partie de la question politique.

Plus précisément, le destin du peuple juif selon Hegel, contrôlé par l'élément positif et mort de sa religion avait consisté à « *une sortie étrangère hors de soi-même* » et à aller jusqu'au point de devenir extérieur à la nature. Hegel décrit cette trajectoire, comme étant à l'opposé de la tragédie grecque, mais ayant le même résultat, à savoir le dépassement de la nature comme *ὕβρις* et la servitude aux dieux chosifiés, comme une *νέμεσις*. Le peuple juif était objectivé tant qu'il reconnaissait Dieu, comme un maître et un objet, comme une loi qui vient de l'extérieur[96]. Ainsi, la dépendance, la privation de la liberté et l'esclavage sont perçues par le jeune Hegel comme des

---

[95] G.W.F Hegel, *op.cit.*, p. 203 et édition originale, *op.cit.*, p. 297.

[96] Cette phrase peut être rapprochée de la période bernoise de Hegel, et de l'extrait que nous avons commenté de *La vie de Jésus* (*op.cit.*, p. 133-134), où Hegel parlait de l'assujettissement du peuple juif à une loi extérieure.

objectivations négatives. Or, la servitude de l'être humain consiste au remplacement de la conciliation avec le monde, par la croyance à une loi et à un objet sacralisé. La servitude est fondée sur la rupture des rapports de l'être humain avec ce qui l'entoure[97] – l'opposition entre la

[97] À partir de cette idée, nous jugeons nécessaire de regarder de plus près un extrait de *L'esprit du christianisme et son destin*, dans lequel l'importance de la thématique de la perte d'une série de rapports est centrale. D'ailleurs, il pourra confirmer – quelque chose déjà évoqué dès l'introduction de cet ouvrage – que pour le jeune Hegel la positivité est précisément la dissolution des rapports humains. Hegel écrit les lignes suivantes : « *Le royaume de Dieu n'est pas de ce monde ; rien que par là c'est une grande différence, si ce monde* [le monde présent] *existe en opposition à celui-ci* [au royaume de Dieu], *ou si son opposition est seulement une possibilité. Puisque le premier était en fait le cas, Jésus a souffert avec conscience à cause de l'État, c'est ainsi avec ce rapport avec l'État que déjà un côté considérable de l'union vivante, un lien* (Band) *important pour les membres du Royaume de Dieu est coupé, une partie de la liberté, du caractère négatif d'un lien de beauté, une quantité de rapports actifs, de relations vivantes qui sont perdus ; les citoyens du Royaume de Dieu deviennent de personnes privées opposées à un État hostile et exclues de celui-ci. D'ailleurs, cette restriction de la vie apparaît plus comme le pouvoir d'une puissance étrangère et régnante sur des choses extérieures* (die Gewalt einer fremden herrschenden Macht über äußere Dinge) *qui peuvent être abandonnées même avec la liberté, que comme un vol à la vie - pour ceux, qui n'ont jamais travaillé dans une telle union, surtout quand la relation civique ne concerne que la propriété. Ce qui est perdu dans la multitude des relations, dans la variété des liens joyeux et beaux, est remplacé par le gain de l'individualité isolée et la conscience bornée des particularités* ». Voir G.W. F Hegel, *Werke 1*, *Frühe Schriften*, p. 399-400, notre traduction. Il est dès lors clair que le jeune Hegel insiste considérablement sur le dénouement des liens, causé par l'État, c'est-à-dire sur la formation d'une instance autoritaire qui contrôle la vie humaine et sur la perte d'un rapport vivant avec Dieu. Les êtres humains (« *les membres du Royaume de Dieu* ») sont privés de leur liberté, quelque chose qui est pratiquement pour *L'esprit du christianisme et son destin*, l'équivalent de la perte de leur liberté. Cet anéantissement de la liberté est en réalité la diminution de la vie et des rapports interhumains. Bien plus,

Grèce et le judaïsme est bien réfléchie –, l'introduction de l'hétéronomie dans sa vie et sur une croyance qui est devenue une habitude, une répétition comme la fête du septième jour, les menant à aimer des objets et non l'*esprit de beauté*[98]. La vie humaine est pleine de négation et de séparation, à cause de l'existence d'un Dieu étranger dans un monde que lui-même a créé et des êtres humains qui le croient comme un élément mort.

Il faut aussi noter, la similitude étonnante entre cette idée d'un monde divisé et certaines idées du jeune Marx, même si ce dernier ne connaissait pas les textes de jeunesse de Hegel. Chez le jeune Marx, comme chez le jeune Hegel de Francfort, les objets produits par l'être humain s'érigent contre lui et finissent par devenir hostiles. Chez l'un dans le cadre de la fabrique et de l'industrie, chez l'autre dans le cadre religieux, du judaïsme et du christianisme. Mais, une partie de la réalité

---

cette limitation de la vie est l'autre aspect de la formation « d'une puissance étrangère » qui domine l'extériorité, à savoir les citoyens. Or, ces citoyens sont finalement transformés en des personnes bornées et privées, qui s'intéressent uniquement à leur propre bien être ainsi qu'à leur propriété. Nous constatons alors que la critique bernoise de la privatisation des êtres humains, introduite par le christianisme et érigée en valeur centrale du monde occidental, est reprise par Hegel dans ses écrits de la période de Francfort. En un mot, la dissolution des rapports affirmatifs est remplacée par l'apparition d'une individualité fragmentée, qui est impuissante à concevoir quelque chose en dehors de son propre être.

[98] Nous pouvons à partir du dernier texte cité, où Hegel mettait en perspective l'affinité entre le destin tragique du peuple juif et celui de Macbeth de Shakespeare, formuler la thèse suivante : chez le jeune Hegel, les relations des êtres humains avec les objets sont à la racine de la servitude humaine. Ou pour dire les choses autrement, la contrainte et la servitude apparaissent, lorsque les êtres humains (dans ce cas le peuple juif) se rapportent à des entités ossifiées, précisément à un monde des objets, au lieu de se rapporter à un monde des êtres vivants.

et de l'activité humaine acquièrent une puissance autonome, qui pèse sur les êtres humains. De même, chez tous les deux penseurs l'extériorisation et l'objectivité sont de problèmes centraux de leur réflexion. Or, les *Manuscrits économico-philosophiques de 1844* concevront l'aliénation et le travail salarié produit par l'ouvrier dans la société bourgeoise, comme des entités étrangères et opposées à leur propre producteur, qui s'objectivent et saisissent sa vie et son activité. Le jeune Marx écrit sur ce sujet :

> *Ce fait n'exprime rien d'autre que ceci : l'objet que le travail produit, son produit vient lui faire face comme un* être étranger (*als ein* fremdes Wesen), *comme une* puissance indépendante *du producteur. Le produit du travail est le travail qui s'est fixé dans un objet, qui s'est fait chose ; ce produit est l'*objectivation *du travail. La réalisation du travail est son objectivation. Cette réalisation du travail apparaît, dans la situation de l'économie nationale, comme* déréalisation *du travailleur, l'objectivation [apparaît] comme* perte *de l'*objet et asservissement à l'objet, *l'appropriation [apparaît] comme* aliénation, *comme* perte *de l'expression. {...} Oui : le travail lui-même devient un objet dont [le travailleur] ne parvient à s'emparer qu'aux prix des efforts les plus grands et en connaissant les interruptions les plus irrégulières. L'appropriation de l'objet apparaît à ce point comme aliénation que plus le travailleur produit d'objets, moins il peut posséder et plus il tombe sous la domination de son produit, le capital. Toutes ces conséquences résident dans la détermination selon laquelle le travailleur se rapporte au* produit de son travail *comme à un objet* étranger. *{...} La perte de l'expression du travailleur dans son produit a la signification, non pas seulement que son travail devient un objet, une existence* extérieure, *mais que son travail existe* en dehors de lui, *indépendant de lui et étranger à lui, et qu'il devient une puissance autonome lui faisant face – que la vie qu'il a prêtée à l'objet vient lui faire face de façon hostile et étrangère* (c'est Marx qui souligne)[99].

---

[99] Karl Marx, *Manuscrits économico-philosophiques de 1844*, p. 118, traduits, présentés et annotés par Franck Fischbach, Librairie Philosophique J. Vrin, Paris, 2007 et édition originale *Marx-Engels Werke*, Band 40, p. 511-512, Dietz Verlag, Berlin, 2012. Marx et

Il est frappant de constater que les deux penseurs qui commencent de différents points de départ, ils aboutissent à des conclusions analogues. Il n'est pas pourtant le hasard, si Hegel et Marx arrivent aux mêmes conclusions, à savoir à celles d'un monde morcelé et des objets omnipuissants qui font face à l'être humain, avec une différence simplement de quelques décennies. Le travailleur et le croyant se rapportent l'un, à son produit de travail et l'autre, au divin comme à un objet étranger et une puissance autonome, pour reprendre la phrase éclairante de Marx. La soumission et l'esclavage humains commencent par l'éloignement et la perte des produits de l'être humain. Hegel affirme que l'idée d'une réalité renversée en une entité opposée aux êtres humains, est pratiquement le fil conducteur de son écrit sur le christianisme, lorsqu'il parle du caractère positif des lois juives :

> *De telles lois sont de par leur nature positives, puisqu'elles ne sont pas que la réflexion sur une force extérieure (fremde Kraft), étrangères aux autres, et ces autres sont donc exclus ou domines par celle-ci – mais elles peuvent aussi devenir totalement positives si elles s'exercent, non pas seulement comme une force de l'homme, mais intégralement comme une puissance étrangère (sondern durchaus als eine fremde Macht wirken), si l'homme, loin d'avoir ce Seigneur en soi, l'a intégralement hors de soi*[100].

L'idée de la puissance étrangère apparaît de nouveau chez le jeune Hegel. Une partie du problème repose clairement sur le fait que les lois juives ne sont pas

---

Hegel utilisent le même vocabulaire. Par exemple, Hegel écrit comme nous l'avons vu (voir notre dernière note en bas de page, *op.cit.*, p. 203, et édition originale, *op.cit.*, p. 297) : « *sich an fremde Wesen* » et Marx dit : « als ein *fremdes Wesen* » dans le texte cité.

[100] G.W.F. Hegel, *op.cit.*, p. 232 et édition originale, *op.cit.*, p. 322. On peut également traduire la « *fremde Kraft* », comme *force étrangère*.

simplement l'extériorisation ou l'expression affirmative d'une force humaine, mais tout au contraire, elles se transforment en *l'exercice d'une puissance étrangère, ceci dit hostile à l'être humain.* Le passage cité, nous permet ainsi de mettre en relief un autre aspect de la critique de la positivité chez le jeune Hegel : l'extériorité sous le règne de la positivité finit par devenir une totalité inamicale et menaçante pour les êtres humains.

L'autre partie du problème quant au penseur allemand consiste à l'obéissance à cet « *hors de soi* » et à l'écartement de la singularité, de la particularité[101] et de la faculté de la raison, en nous rappelant *La vie de Jésus* et la conception que la raison est une trace du divin en l'être humain, et qu'il faut instaurer une religion subjective. Cette obéissance chez l'esprit judaïque est produite nettement, à cause de son rapport avec le divin et de son statut de sujet dépendant d'une puissance étrangère :

Quand les juifs juraient au nom du ciel, au nom de la terre, de Jérusalem ou de leur chevelure, et qu'ils remettaient leur serment à Dieu, qu'ils remettaient leur serment entre les mains du Seigneur, ils reliaient la réalité du serment à un objet, ils établissaient une égalité entre les deux réalités, et ils remettaient la cohésion de cet objet et du serment, l'égalité des deux sous le pouvoir d'une puissance étrangère (in die Gewalt einer fremden Macht), *et Dieu est institué en puissance qui s'exerce sur la parole et cette cohésion doit être fondée dans l'homme lui-même ; l'acte dont il est fait serment et l'objet invoqué dans le serment sont ainsi reliés l'un à l'autre, de sorte que si l'un vient à être supprimé, l'autre aussi est nié, supprimé dans la représentation ; aussi, si l'acte promis ou la réalité affirmée avec assurance ne sont pas réels, du même coup aussi, l'objet invoqué, le ciel, la terre, etc. est nié ; et dans ce cas, le maître de cet objet doit le venger, Dieu doit devenir le vengeur de ce qui est sien. Jésus conteste cette liaison de l'acte assuré et de quelque chose d'objectif, il ne*

[101] L'opposition entre le singulier et l'universel est un autre point central de la pensée de Hegel qui se déploie graduellement pendant la période de Francfort.

confirme pas l'obligation de tenir parole, mais il la déclare au contraire tout à fait superflue ; car ni le ciel, ni la terre, ni Jérusalem, ni la chevelure ne sont l'esprit de l'homme, le seul à relier sa parole et une action, mais ce sont là plutôt des propriétés étrangères (fremdes Eigentum), dit Jésus, et la certitude de l'acte ne peut pas être reliée à quelque chose d'étranger, être posée dans quelque chose d'étranger, mais la cohésion de la parole et de l'action doit être vivante, et se trouver dans l'homme lui-même[102].

Ainsi, Hegel esquisse progressivement la thématique de la réconciliation par l'amour, comme loi intérieure de l'être humain qui s'oppose à une réalité étrangère et imposée à lui comme loi positive, et qui lui permet de se réconcilier avec le destin, rétablissant un rapport créatif entre l'homme et la totalité historique. Selon Hegel, la liberté est basée sur la réconciliation de l'être humain avec son propre monde, avec le monde historique que lui-même avait fondé. Le problème d'après le jeune Hegel, consiste à la manifestation de cette étrangeté des Juifs envers leur propre histoire, à leur sentiment que leur histoire, leur action passée et présente leur a été imposée comme un impératif, comme un destin venant d'en haut, au lieu de concevoir leur histoire comme le résultat de leur propre activité. L'histoire était devenue quelque chose qu'il fallait subir. Lukács note d'une façon très pertinente que : « *Cette question se concentre sur le point suivant : le destin, qui est une auto-mutilation de la vie, pourrait être réconcilié par l'amour* »[103]. Mais, quelle est la cause du destin et comment influence-t-il la vie humaine ? Quel exemple historique concret Hegel prend-il dans son exposé sur le destin ?

---

[102] G.W.F Hegel, *op.cit.,* p. 241 et édition originale, *op.cit.,* p. 330.
[103] G. Lukács, *op.cit.,* p. 336.

*

Essayons, avant d'entrer dans une analyse plus détaillée du destin, de situer très brièvement cette problématique hégélienne par rapport à son contexte social-historique et philosophique, en s'appuyant sur certaines remarques de Lukács. Le jeune Hegel considère d'une façon critique, les rapports rigides qui sont développés au sein de la société civile/bourgeoise et qui deviennent plus flagrants dans le cas du criminel, dont déterminent et dominent la vie[104]. Cette critique vise à la

[104] Les remarques du jeune Hegel au sujet du criminel et du châtiment, nous donnent l'occasion de noter certaines choses, concernant la place des êtres opprimés et marginalisés dans sa conception philosophique ainsi que de proposer – bien entendu dans un espace très limité – une compréhension qui s'écarte de la doxa philosophique dominante à propos du statut de l'altérité dans sa réflexion. Un lieu commun s'est développé graduellement à propos de la philosophie hégélienne, qui est parfois accepté comme une évidence et une vérité établie : cette approche estime que la philosophie de Hegel est un système clos, accompli, qui écrase et très souvent fait disparaître l'altérité dans une totalité immuable et bien hiérarchisée. Le particulier s'efface dans l'absolu et la totalité. L'altérité est intériorisée – c'est-à-dire absorbée – par l'identité (le Soi). Toutefois, Hegel est ce penseur qui s'intéresse sans cesse et dès ses premiers écrits, aux altérités subjuguées et abaissées. Prenons tout d'abord l'exemple du criminel, et l'intérêt intense que le jeune penseur porte aux rapports entre cet être particulier écrasé et l'être universel (la société). Quelques années plus tard dans *La Philosophie de l'Esprit* (1805-1806), Hegel insistera sur le sort inhumain des travailleurs – la classe opprimée et marginalisée par excellence de la modernité – qui sont obligés de réaliser une activité mécanique, abstraite et abrutissante. Cette activité, le travail, est à la racine de l'inégalité et condamne une grande partie de la société à « *la grande pauvreté* ». Ensuite, rappelons la figure du serviteur dans la *Phénoménologie de l'esprit*, cet être opprimé par le maître, qui est au bout du compte celui qui va véritablement transformer la chose (l'objectivité). La figure qui façonne à travers sa propre objectivation l'extériorité, est celle du serviteur et non celle du maître. Finalement, nous pouvons évoquer l'importance que Hegel accorde à l'*Antigone* de Sophocle et plus particulièrement, au

fois le système juridique et pénitentiaire, aussi bien que l'éthique et la conception du droit de Kant[105]. Cependant, les rapports conflictuels entre le particulier et l'universel, perçus à travers l'exemple vivant du criminel ne sont pas uniquement étudiés par Hegel au cours de cette période. Comme le philosophe marxiste note :

> *Durant cette période où les contradictions de la société bourgeoise apparaissent déjà ouvertement, mais où leurs causes économiques profondes et leur origine sociale (la lutte de classes) ne sont et ne peuvent encore être élucidées, une caractéristique générale se manifeste : la dialectique du crime devient l'un des foyers en lesquels ces contradictions viennent à l'expression du point de vue philosophique et littéraire. Elle apparaît clairement à l'époque de Hegel en Allemagne : de Schiller au* Michael Kohlhaas *de Kleist, ce problème est traité dans toute une série d'œuvres importantes. Mais il ne s'agit absolument pas d'un problème purement allemand : il suffit de se référer à la littérature européenne, de Byron à Balzac. Ce n'est donc pas un hasard, ou une lubie de Hegel, si celui-ci met en lumière ces contradictions de la façon la plus claire lorsqu'il traite du*

---

personnage d'Antigone – une figure qui ne se trouve pas aux marges, mais qui est sans doute opprimée par le pouvoir de l'État –, tant dans la *Phénoménologie* que dans l'*Esthétique*. Nous savons par ailleurs, que le jeune Hegel avait tenté pendant l'été de 1787 de traduire *Œdipe à Colone* de Sophocle. Pour un développement beaucoup plus ample sur le rapport entre le système hégélien et les altérités marginalisées et opprimées, voir Philip. J. Kain, *Hegel and the Other. A Study of the* Phenomenology of Spirit, p. 19 et p. 52-54, State University of New York Press, Albany, 2005. Pour un examen plus détaillé de la conception hégélienne de l'*Antigone*, voir George Steiner, *Les Antigones*, p. 21-24 et 30-47, traduit par Philippe Blanchard, Éditions Gallimard, collection « folio/essais », Paris, 2004.

[105] Le commentaire suivant de Lukács peut nous éclaircir à propos de cette thématique : « *Pour le droit, le criminel n'est, selon Hegel, qu'*un péché existant, un crime doué de personnalité [texte de Hegel, cité par Lukács]. *Il recherche alors les rapports sociaux généraux, plus larges, plus vivants et plus humains en lesquels, si le crime reste certes un crime, le caractère humain du criminel n'est pas supprimé d'une façon aussi mécaniquement inhumaine* ». Voir G. Lukács, *op.cit.*, p. 329-330.

criminel et du crime. Hegel insiste sur l'influence vivante qu'exerce la totalité de la société sur le criminel, il dénonce l'illusion selon laquelle il s'agirait ici de quelque chose de purement individuel (c'est Lukács qui souligne)[106].

Pour entamer notre analyse, notons que le destin pour Hegel à Francfort est le résultat de la division de la vie. Il est en fait senti par l'homme comme un châtiment et comme un ennemi, autrement dit, comme une réalité subie parce que l'homme avait transgressé une loi marquée par la nécessité et l'objectif. Hegel dit sur ce sujet :

Le châtiment est l'effet d'une loi transgressée, d'une loi dont l'homme s'est écarté, mais dont il dépend encore, et à laquelle il ne peut échapper, pas davantage qu'au châtiment ou à son propre acte. <La loi, ainsi que le châtiment et l'acte, sont de l'objectif, qu'on ne peut anéantir ; représenté sous la forme du destin, le châtiment est d'un tout autre genre ; l'homme qui est pris sous un destin n'a pas affaire à une loi>. Car comme le caractère de la loi est l'universalité, le criminel a bien brisé la matière de la loi, mais la forme, l'universalité subsiste ; et la loi, dont il croyait être devenu le maître, subsiste ; seulement elle semble être opposée quant à son contenu, elle a la figure de l'acte qui était en contradiction avec la loi antérieure ; le contenu de l'acte a maintenant la figure de l'universalité et est une loi ; le renversement de cette dernière, à savoir qu'elle devient le contraire de ce qu'elle était précédemment, est le châtiment – en tant que l'homme s'est écarté de la loi, il lui reste encore assujetti ; et comme la loi subsiste en tant qu'universel, l'acte subsiste aussi puisqu'il est le particulier. – Mais représenté comme destin, le châtiment est d'un tout autre genre ; dans le destin, le châtiment est une puissance hostile (eine feindliche Macht), un individuel dans lequel universel et particulier sont unifiés à tel point qu'en lui, le devoir-être et la poursuite de ce devoir-être ne sont pas séparés comme c'est le cas dans la loi, qui n'est qu'une règle, un pensé, et qui a besoin d'un opposé, d'un réel dont elle reçoit son pouvoir. Dans cette puissance hostile, l'universel n'est pas non plus séparé du particulier à la façon dont la loi comme universel est opposée à l'homme ou à ses inclinations comme au particulier. Le destin n'est que l'ennemi, et l'homme lui fait tout aussi bien face comme puissance combattante ; au contraire, la loi comme universel domine le

[106] G. Lukács, *op.cit.*, p. 333-334.

particulier, elle tient cet homme sous son obédience. Le crime de l'homme qu'on considère être pris dans un destin n'est donc pas une révolte du sujet contre son régent, la fuite du serf loin de son seigneur, la libération par rapport à une dépendance ; il ne s'agit pas d'une renaissance à partir d'un état létal, car l'homme est, et avant l'acte il n'y a nulle séparation, nul opposé, moins encore un dominant[107].

Selon Hegel, dans un premier moment, la loi et le châtiment sont des éléments de la réalité humaine dont les individus ne peuvent pas s'en passer. Mais, lorsque l'être humain obéit au destin, c'est uniquement le châtiment qui se rapporte à lui et non la loi. Si nous concevons le châtiment dans le cadre du destin, le rapport entre le particulier et l'universel, entre l'être humain et le monde change radicalement. Résumons très rapidement le raisonnement de Hegel. Avec le châtiment une loi est enfreinte. Malgré cela, l'homme continue à dépendre de l'élément qui a transgressé : il continue à lui obéir. Néanmoins, sous la forme du destin, le châtiment change complètement. Il ne s'agit plus d'une loi. Car, le châtiment est le renversement de la loi. Dit en d'autres termes, la loi devient dès lors un châtiment. *Le destin est une puissance que le particulier ne peut pas maîtriser, à l'encontre de la loi qui peut dominer l'être humain (le particulier). Donc, c'est l'activité humaine sous la forme du destin et du châtiment, qui génère ces puissances hostiles et immaîtrisables.*

Mais, analysons maintenant quelques détails du texte cité. Dans cet extrait très complexe, Hegel différencie la loi du châtiment, en considérant que la loi a besoin d'un sujet, d'un être sur lequel elle exercera sa puissance et son autorité presque mécaniquement. Elle a « *besoin d'un opposé* », de ce particulier/individuel dont finalement elle

---

[107] G.W.F Hegel, *op.cit.*, p. 252 et édition originale, *op.cit.*, p. 341-342.

dépend en tant qu'universel. Contrairement à la loi, le destin semble constituer une unité aux yeux de Hegel, un être apparenté et solide avec l'être humain, sans pouvoir se distancier de lui. La séparation entre l'individu et l'universel s'efface dans le cas du destin, en instaurant un rapport d'identité entre le particulier et l'universel.

Pourtant, comme nous l'avons déjà mentionné, cette identité entre le particulier et l'universel, entre le sujet et l'objet pour parler en termes hégéliens de la maturité, est contestable puisque l'extériorité est ressentie par le criminel comme un châtiment, qui lui est imposé comme une force hostile. La loi exige de l'homme son obéissance et parvient à le contrôler, étant donné qu'il s'agit d'un rapport entre deux entités opposées l'une à l'autre, tandis que le destin était capable d'après Hegel, d'intégrer le particulier et de supprimer toutes les particularités, Dans le cas du destin, nous avons désormais affaire à une *puissance hostile et combattante*, comme le jeune Hegel écrit.

Néanmoins, il faut faire attention et ne pas confondre le châtiment avec le destin dans le raisonnement du jeune Hegel. Le châtiment dans le cadre du destin unifie l'individuel au particulier, mais le destin reste un état séparé, menaçant constamment l'homme. À travers la lutte, entre l'être humain – le particulier – et le monde opposé qui est transformé en destin, la dialectique de l'universel et du particulier apparaît dans la période de Francfort. Le châtiment perd son caractère d'opposition, mais le destin reste toujours un monde étranger pour l'être humain. L'individu (le sujet/le particulier) et la société (l'objet/l'universel) surgissent dans le cadre du destin, comme des forces en plein déchirement et conflit.

Mais, une autre idée importante mise en place par Hegel dans l'extrait cité, est que les rapports entre le particulier et l'universel sont le lieu de naissance de toutes les manifestations et de toutes les contradictions de la vie humaine. La vie est le croisement entre l'homme et cette *puissance combattante*, qui lui fait face comme Hegel écrit et qui n'est plus un simple sujet de la loi, passif, mais un être qui s'oppose à son propre rapport avec le monde[108]. La figure du criminel et du châtiment servent à Hegel, afin qu'il mette en exergue l'idée que le destin peut affecter les sphères les plus privées de l'individu, et en même temps son rapport avec l'universel. En réalité, il s'agit pour lui d'élaborer la dialectique du passif et de l'actif, du sujet et de l'objet.

Plus spécifiquement, c'est le début de la formulation du concept d'aliénation, au sens d'une individualité qui doit d'abord se mettre en rapport avec un monde opposé, régi par certaines lois et règles. Deuxièmement, nous avons affaire à un rapport avec une puissance ennemie, un monde étranger au sujet humain, c'est-à-dire une situation qui demande selon Hegel, une réconciliation pour que l'homme cesse de mener une vie inauthentique et restaure un rapport d'unité avec le monde (pendant la période de

[108] Lukács commente la question du destin chez Hegel de cette manière : «*...Il voulait plutôt exprimer dialectiquement de la sorte une forme spécifique de la nécessité historique, une relation spécifique de l'homme avec la positivité du monde extérieur. A première vue, il semble qu'il voulait apporter des éclaircissements à sa philosophie de la religion fort obscure, en faisant appel à une philosophie de la société et de l'histoire qui était en fait tout aussi obscure et mystique. Et en effet, comme nous le verrons, la conception hégélienne du destin est à l'époque assez obscure et contradictoire. Mais c'est précisément ici qu'apparaît, malgré toutes les contradictions, un véritable noyau dialectique, de sorte qu'il vaut la peine d'examiner de plus près ce que Hegel entendait à l'époque par le mot « destin »*. Voir G. Lukács, *op.cit.*, p. 329.

Francfort, Hegel pose cette solution sous la notion d'amour). Pour Hegel, le problème à Francfort ne repose pas sur la conception kantienne de la loi, mais sur la manifestation d'une vie brisée au sein de la société et de l'extériorité qui enveloppe le particulier, nommée le destin. Comme il le formule d'une façon très caractéristique, la question essentielle n'est pas la révolte ou la conformité aux lois, mais la *distance que la vie prend par rapport à elle-même* :

> *Ce n'est qu'en sortant de la vie unie, ni régulée par des lois, ni contraire aux lois, ce n'est que par la mort de la vie qu'un étranger est produit. L'anéantissement de la vie n'est pas un non-être de celle-ci, mais sa séparation, et l'anéantissement consiste en ce que la vie est transformée en ennemi*[109].

Hegel développe ici le thème du déchirement et de l'éloignement de la vie. L'éloignement et le déchirement ne sont produits que dans la vie morcelée et dans son anéantissement. Cet anéantissement n'est pas identique à l'inexistence, mais à la séparation et à l'avènement d'une vie opposée à l'être humain, tant que ce dernier est vivant. Par là même, la question de la positivité est petit à petit modifiée : désormais l'étranger se produit, lorsque la vie est annihilée. La mort n'est pas le négatif absolu pour Hegel au cours de la période de Francfort, mais le sentiment d'étrangeté face au monde et le fait de transformer la vie en un ennemi, comme c'est le cas avec le criminel. Dans cette nouvelle formulation de la positivité, la vie se pose comme obstacle à elle-même. Pour dire les choses autrement, la vie produit sa propre opposition.

Néanmoins, le philosophe allemand utilise l'exemple du criminel pour expliquer que l'élément

[109] G.W.F Hegel, *op.cit.,* p. 253 et édition originale, *op.cit.,* p. 342.

particulier fait profondément partie de la totalité, comme moment paradigmatique d'une confrontation dialectique entre la société et l'individu. Hegel essaie d'éclaircir à travers la figure du criminel, de quelle manière la vie peut-elle s'aliéner à elle-même, comment peut-elle faire l'objet d'un processus d'aliénation : « *Le criminel pensait avoir affaire à une vie étrangère* (*mit fremdem Leben zerstört*) : *mais c'est en fait sa propre vie qu'il a détruite ; car la vie ne diffère pas de la vie, puisque la vie réside dans la divinité unie : et dans sa témérité il a bien détruit, mais il n'a détruit que le caractère amical de la vie : il l'a transformée en un ennemi* »[110]. C'est-à-dire que le destin est le processus qui mène à la lutte entre le particulier et l'universel, et à l'opposition de l'être humain à sa propre vie[111].

---

[110] G. W. F Hegel, *op.cit.,* p. 253 et édition originale, *op.cit.,* p. 343.

[111] Il est fort intéressant, que Hegel va se rapporter encore une fois à l'exemple de Macbeth comme le criminel par excellence, pour mettre en lumière l'idée de l'élimination de la vie causée par l'être vivant lui-même : « *L'illusion du criminel qui croit avoir détruit une vie étrangère et accru par là son être, se dissipe quand l'esprit défunt de la vie blessée s'avance contre lui, de même que Banquo, qui était venu à Macbeth comme un ami, n'est pas détruit par le meurtre, mais, l'instant d'après, prend place sur son siège, non comme convive, mais comme un esprit irrité. Le criminel croyait avoir affaire à une vie étrangère, mais il n'a détruit que sa propre vie ; car la vie n'est pas distincte de la vie, car la vie est dans la divinité-une ; et dans sa présomption, il a bien détruit, mais seulement l'aménité de la vie : il l'a changée en un ennemi* ». Cité par G. Lukács, *op.cit.,* p. 334. Donc, ce qui était auparavant amical et intime, revient à présent d'une manière menaçante. Mais en fait, la transgression de Macbeth détruit principalement son propre être et non l'existence de l'altérité. Car, pour Hegel la vie est perçue comme totalité et unité, bien qu'elle puisse être blessée. Essayer de blesser l'unité de la vie, c'est au fond ravager notre propre existence. Par conséquent, la destruction de l'altérité entraîne par-dessus tout, notre propre destruction, bref celle de la vie. Toutefois, il vaut la peine de tourner notre regard pour un moment aussi vers la tragédie de Shakespeare, *Macbeth*, afin de faire

quelques remarques qu'elles pourraient d'une part, éclaircir les raisons pour lesquelles le jeune Hegel revient avec une telle insistance à la comparaison entre le peuple juif et le destin de Macbeth et d'autre part, mettre en avant notre thèse selon laquelle la référence à Shakespeare est plus importante qu'une première lecture peut nous laisser l'impression. (Mentionnons en passant, que le Hegel de la maturité se réfère huit fois à *Macbeth* dans son *Esthétique*. Voir G. W. F. Hegel, *Ästhetik*, introduction par G. Lukács, p. 227, p. 247, p. 258, p. 411, p. 545, p. 551, p. 1097, et p. 1100, Aufbau Verlag, Berlin, 1955.) Par ailleurs, il est indispensable de noter que Hegel était un lecteur avide des pièces de Shakespeare dès son enfance. Tout d'abord, rappelons qu'à part Banquo, Macbeth avait tué le roi Duncan, à savoir celui qui était son invité. Chose plus importante encore, Duncan est quelqu'un qui fait extrêmement confiance à Macbeth et l'honore. Ceci dit, Macbeth anéantit l'être humain dont il a bénéficié le plus (le roi Duncan lui avait conféré les titres du thane de Cawdor). L'idée de la mutilation de la vie, qui est en réalité une auto-mutilation de l'être vivant (ou de l'action qui revient annihiler son propre créateur) est très présente dans cette tragédie de Shakespeare, et elle a clairement influencé le jeune Hegel, comme la dernière citation de son texte nous le montre. Dans les vers suivants, nous pouvons constater que ce mouvement existe d'une façon très précise dans l'œuvre de Shakespeare. Macbeth dit au tout début de la septième scène de la pièce, avant d'assassiner le roi Duncan : « *Si l'assassinat – pouvait entraver les conséquences, et par son accomplissement – assurer le succès, si ce coup – pouvait être tout et la fin de tout, ici-bas, – rien qu'ici-bas, sur le sable mouvant de ce monde, – je me jetterais tête baissée dans la vie à venir.* Mais ces actes-là – trouvent toujours ici-bas leur sentence. Les leçons sanglantes – que nous enseignons reviennent, une fois apprises, – châtier le précepteur. *La justice à la main impartiale – présente le calice empoisonné par nous – à nos propres lèvres... Il est ici sous une double sauvegarde : – d'abord, je suis son parent et son sujet, – deux raisons puissantes contre l'action ; ensuite, je suis son hôte : – à ce titre, je devrais fermer la porte au meurtrier, – et non porter moi-même le couteau* » (c'est nous qui soulignons). William Shakespeare, *Macbeth*, scène VII, traduit par François-Victor Hugo. Traduction consultée in https://fr.wikisource.org/wiki/Macbeth/Traduction_Hugo. Ainsi et afin de conclure, nous voulons noter deux choses. Premièrement, nous estimons que le jeune Hegel est beaucoup plus influencé que nous ne le pensons, par l'œuvre de Shakespeare. Cela veut dire que le

Pourtant, Hegel commence à tracer à partir de la thématique de la vie blessée par le criminel, l'idée de la possibilité de la réconciliation de l'être humain avec le monde. Dans le contexte présent, nous voulons plutôt retenir cette tendance formée graduellement par Hegel, à savoir du dépassement et de la suppression des divisions entre le sujet et l'objet,[112] dans un schéma et une perspective dialectique et en des termes qui reviendront conceptuellement enrichis dans la *Phénoménologie de l'esprit*, c'est-à-dire l'extériorisation et l'aliénation de la conscience de soi, le déchirement, la réappropriation et la

---

personnage de Macbeth lui sert comme modèle, pour mieux saisir le destin du peuple juif, c'est-à-dire les rapports que les êtres particuliers entretiennent avec leur propre activité aussi bien qu'avec l'extériorité, dans un cas historique très concret. *Dans ce sens, les êtres humains produisent leurs propres rapports destructeurs.* Secondement, étant donné ce que nous venons d'analyser et de proposer, nous voulons formuler la question suivante : *pouvons-nous lire Hegel à travers Shakespeare ?* Autrement dit, la philosophie hégélienne est-elle – indépendamment du cas que nous avons ici étudié – profondément inspirée par les pièces de Shakespeare ? Certes, cette question dépasse largement le cadre de notre travail et nous la laissons ouverte, mais elle vaut la peine d'être posée.

[112] Selon Lukács, Hegel à Francfort avait tenté de dépasser ces contradictions et réaliser la réconciliation avec le monde, dans un principe qui vient de l'être humain : « *Depuis le début de la période de Francfort, Hegel cherche à trouver une conception de l'activité de l'individu dans la société bourgeoise qui corresponde à ses idéaux humanistes et mène tout de même à une activité* au sein *de la société bourgeoise. La société bourgeoise doit, selon cette formulation philosophique, être vécue de l'intérieur, et non à travers un principe qui lui serait appliqué de l'extérieur ; de machinerie morte (telle qu'elle apparaît immédiatement), elle doit être transformée en quelque chose de vivant. Cette voie qui va du mort au vivant constitue cependant dès le début, comme nous l'avons vu, une voie de découverte des contradictions de la société bourgeoise, même si cette découverte s'accompagne de l'intention de les supprimer dans le cadre de la société bourgeoise* » (c'est Lukács qui souligne). Voir *op.cit.*, p. 232.

conciliation de la conscience de soi, dans la culture (*Bildung*) et le savoir absolu. Hegel commence à formuler ses propres réponses à la question centrale de l'idéalisme absolu, l'identité du sujet et de l'objet, en pensant que « l'auto-mutilation » de la vie peut être vaincue et qu'en ce moment de son développement philosophique et dans le cadre de sa critique de la positivité du judaïsme et du christianisme, la vie réconciliée est possible grâce à l'amour. Comme il écrit un peu plus loin :

> *Mais dans le cas du châtiment comme destin, la loi est plus tardive que la vie, et elle se tient plus en profondeur que celle-ci. Elle n'est que sa lacune, la vie indigente en tant que puissance ;* et la vie peut soigner ses blessures, la vie hostile blessée peut revenir en soi-même et supprimer le méfait d'un crime, la loi et le châtiment (c'est nous qui soulignons). <*Transgression, crime et châtiment ne se tiennent jamais dans un rapport de cause à effet, dont le lien déterminant serait de l'objectif, une loi ; si c'était le cas, cause et effet en tant que purement et simplement séparés ne pourraient plus être unifiés ; le destin au contraire, la loi qui réagit au criminel, peut être supprimé, car [le criminel] a lui-même posé la loi ; la séparation qu'*il *a provoqué peut être unifiée ; l'unification est dans l'amour*>[113].

Hegel met en place la dialectique du crime, afin d'expliquer les contradictions qui existent au sein de la formation de la société civile/bourgeoise, et de démontrer que même le cas le plus privé, le plus individualisé a affaire à la totalité de l'être, à savoir la société. Secondement, il s'agit des premiers tâtonnements de Hegel pour formuler une méthode dialectique. Dans ce passage, nous constatons l'émergence de cette dialectique et beaucoup plus du retournement du retournement ou de la négation de la négation. Dans un premier moment, la vie peut cesser d'être étrangère à elle-même et puis, ce processus de réconciliation de la vie avec elle-même, ne

[113] G.W.F Hegel, *op.cit.*, p. 254 et édition originale, *op.cit.*, p. 343-344.

relève pas d'un rapport mécanique et automatique, d'une solution venant de l'extérieur de la vie, mais au contraire elle fait partie de sa totalité. La solution pour Hegel à la période de Francfort, solution se rapportant au message authentique de Jésus, est l'amour. Nous ne pouvons pas entrer aux détails de la nature de cette réponse, à savoir de son caractère métaphysique et mystique.

Ce qui nous intéresse surtout est le mouvement de la pensée de Hegel, qui cherche son propre chemin et indique que l'unification de l'être humain avec la vie est possible, en passant par la transgression, la perte de la vie, son anéantissement, sa transformation en ennemi comme il écrit, pour retourner en elle-même et supprimer ce qui la rend étrangère à elle-même. L'amour pourra ainsi rétablir le rapport de l'homme avec son extériorité, comme puissance d'unification. Le problème pour Hegel est de concevoir la vie blessée et perdue, en tant que châtiment et non en tant que destin. Il dit que :

[le destin] est la peur de la séparation, une appréhension de soi-même ; la peur du châtiment est la peur d'un étranger ; car même si la loi est bien reconnue comme ma propre loi, dans la peur du châtiment, le châtiment est un étranger – si cette peur n'est pas représentée comme la peur de l'indignité ; mais dans le châtiment, à l'indignité s'ajoute aussi la réalité d'un malheur, [la perte d'un bonheur] que le concept de l'homme a perdu, c'est-à-dire dont l'homme est devenu indigne ; le châtiment suppose donc un maître étranger de cette réalité ; et la peur du châtiment est peur de lui. – Dans le destin, en revanche, la puissance hostile est la puissance de la vie rendue hostile, et donc la peur du destin n'est pas la peur d'un étranger. De même, le châtiment n'améliore pas parce qu'il n'est qu'une souffrance, un sentiment d'impuissance à l'égard d'un maître avec lequel le criminel n'a rien de commun et ne veut rien avoir de commun. {...} Mais dans le destin, l'homme reconnaît sa propre vie, et la supplication qu'il lui adresse n'est pas la supplication adressée à un maître, mais un retour à soi et un rapprochement de soi-même. Le destin, dans lequel l'homme sent ce qui est perdu, exerce une nostalgie de la vie perdue. La nostalgie, s'il faut parler d'améliorer et

de devenir meilleur, peut déjà signifier une amélioration, car en tant qu'elle est un sentiment de la perte de la vie, elle connaît ce qui est perdu comme la vie, comme ce qui lui était autrefois amical ; et cette connaissance est déjà elle-même une jouissance de la vie. Et la nostalgie peut ainsi être consciencieuse, c'est-à-dire, dans la contradiction de la conscience de sa faute et de la vie à nouveau intuitionnée, se retenir de retourner à celle-ci, prolonger d'autant la mauvaise conscience et le sentiment de la douleur, et exciter [ce sentiment] à chaque moment pour ne pas se réunifier avec la vie sur un coup de tête, mais bien du plus profond de l'âme, et la saluer à nouveau comme un ami[114].

Il est important de noter ici que Hegel distingue le destin du châtiment. Le châtiment est la peur d'une extériorité absolue, et il est reconnu comme une force entièrement distincte de l'individu et opposée à lui. Le châtiment est la crainte de la différence et de l'étranger, d'une chose imposée à l'individu, à l'encontre du destin qu'il fait partie de l'intériorité de l'individu et qui est son rapport entre le particulier et l'universel. D'après le jeune Hegel, même la vie brisée et la vie hostile font toujours partie de l'individu. La peur par laquelle le particulier est possédé face au destin est le produit d'un processus d'aliénation, « d'une aliénation de soi hors de soi-même », autrement dit, de quelque chose que nous possédions et qui s'était rendu étranger à nous-mêmes, qui nous a été ôté et que malgré tout cela nous pouvons retrouver. Le châtiment est le jugement porté par un étranger, sur l'être particulier du criminel et nous avons affaire à un être si impuissant, qu'il a besoin d'un maître pour le dominer. La peur provient précisément de l'existence de ce maître qui commande l'être particulier du criminel.

Dans le cas du destin, ce dont nous nous aliénons fait partie de nous-mêmes selon le jeune Hegel et peut être

[114] G.W.F Hegel, *op.cit.*, p. 254-255 et édition originale, *op.cit.*, p. 344-345.

toujours retrouvé et soigné, rapproché de nous. C'est-à-dire que la vie pour Hegel, est un processus dynamique[115], qui a virtuellement la force de supprimer ses propres scissions. En d'autres termes, l'hostile, le sentiment de la séparation et d'une vie perdue comme parties de ce que Hegel nomme le destin, sont le propre de la vie humaine, de même sa tendance de vouloir reconnaître la vie comme un ami. Hegel valorise l'expérience de la douleur et du malheur[116], seules permettant à l'être humain de sentir de nouveau le monde comme un endroit amical. L'opposition au réel, le déchirement de l'homme senti comme destin et comme perte de ce qui lui appartenait auparavant, sont les uniques conditions de réconciliation de l'être humain en tant que subjectivité avec le monde, et en tant que récupération du rapport avec la totalité dont le particulier fait partie. L'homme doit se réapproprier le monde par le biais de l'amour :

> *[...] car l'opposition est la possibilité de la réunification, et dans la mesure où [la vie] était opposée dans la douleur, elle est capable d'être à nouveau reprise. Dans le fait que même l'hostile est senti comme vie, réside la possibilité de la réconciliation du destin ; cette réconciliation n'est donc ni la destruction ou l'oppression d'un étranger, ni une contradiction entre la conscience de soi-même et la diversité espérée de la représentation de soi-même dans un autre, ou une contradiction entre le mérite selon la loi et l'accomplissement de*

---

[115] D'où le fait que pendant la période de Francfort, Hegel met les fondements de sa méthode dialectique. Plus précisément, à travers la thématique de la réconciliation - par ailleurs essentielle pour la formation de la notion d'aliénation dans la *Phénoménologie de l'esprit* - nous pouvons comprendre que selon Hegel, la richesse de l'être consiste en son déploiement constant. Comprendre les choses signifie comprendre le processus de leur développement et de leur autoformation. Cela dit, la possibilité de la réconciliation est concevable uniquement en tant qu'aboutissement du processus de scission et d'aliénation.

[116] En préfigurant d'une certaine façon les positions de Nietzsche, sur le caractère créatif et positif de la souffrance.

celle-ci, entre l'homme comme concept et l'homme comme réel. Ce sentiment de la vie qui se retrouve soi-même est l'amour, et en lui se réconcilie le destin[117].

Ainsi, la souffrance est une condition d'extériorisation de l'être humain, de sa mise en rapport avec le monde et de réalisation de retrouvailles avec sa propre vie. Mais, nous devons remarquer que Hegel développe à Francfort d'une manière fructueuse, l'idée que l'hostilité et l'opposition à l'égard du monde sont de sentiments inextricablement liés à l'individu. En outre, il différencie l'étranger qui fait partie du châtiment, et l'hostile qui relève du destin. L'aboutissement de la réunion de l'homme avec son destin, ne consiste pas à la suppression de ce qui se trouve en face de sa conscience, mais contrairement à son union avec le destin par le biais de l'amour. Hegel pose l'amour comme possibilité de dépassement de la réalité divisée et pétrifiée, comme solution à toute contradiction et comme destruction de la positivité qui domine le christianisme, ou comme moyen de réunir le particulier et l'objectivité vivante.

Le destin se met face à la loi et existe comme remède au déchirement causé par la souffrance. Le point décisif dans le cas du judaïsme et du christianisme était leur tendance commune, de surmonter leur division avec la nature et le monde, par l'intermédiaire d'un Dieu conçu comme Maître. Le judaïsme et le christianisme sont basés sur l'opposition entre Dieu et le monde, entre la nature et l'esprit, causant en fin de compte le déchirement de l'être humain. L'effondrement du monde antique a fait naître le christianisme, où le rapport entre Dieu et homme est

[117] G.W.F Hegel, *op.cit.,* p. 255 et édition originale*, op.cit.,* p. 345-346.

compris comme rapport d'un Maître et d'un esclave[118]. Hegel conçoit leur rapport au monde comme un rapport de

[118] Hegel exprime très clairement cette idée dans l'extrait suivant de *L'esprit du christianisme et son destin*: « *Mais dans l'esprit des juifs se creusait entre la pulsion et l'action, entre l'envie et l'acte, entre la vie et le crime, et entre le crime et le pardon un abîme infranchissable, un jugement étranger ; et lorsqu'on leur montra dans l'amour un lien entre péchés et réconciliation en l'homme, il fallut bien que leur être dénué d'amour s'indignât, et une telle idée, alors que leur haine avait la forme d'un jugement, devait être pour eux l'idée d'un fou. Car ils avaient confié toute harmonie des êtres, tout amour, l'esprit et la vie à un objet étranger, ils s'étaient dépouillés de tous les génies dans lesquels les hommes sont unifiés, et ils avaient remis la nature entre des mains étrangères ; ce qui assurait leur cohésion, c'étaient des chaînes, de lois données par le Tout-Puissant ; la conscience de la désobéissance au maître trouvait immédiatement sa satisfaction dans le châtiment subi ou dans la rançon pour la faute commise – ils ne connaissaient d'autre mauvaise conscience que la peur du châtiment ; car comme conscience de soi dirigée contre soi-même, elle présuppose toujours un idéal face à la réalité qui ne lui est pas appropriée* ». Voir G.W.F Hegel, *op.cit.*, p. 265 et édition originale, *op.cit.*, p. 355-356. Ainsi, Hegel comprend le déchirement comme donation de la puissance de soi à une entité toute puissante, Dieu, et comme cession, aliénation de la liberté et de l'autonomie de soi. La liberté est remplacée par la maîtrise et la servitude, créées sur la base d'une séparation entre le particulier et la nature. Pour Hegel, l'élément positif conçu dès la période de Berne, s'exprime ici comme besoin ultime de l'être humain dépossédé, d'avoir un Maître auquel il attribue des lois et des impératifs moraux. Ce besoin se met en contradiction avec l'idée de réconciliation et d'amour, qui ne sont pas des devoirs êtres. Le jeune Hegel insiste plus loin sur l'identité de la séparation comme dépendance d'un maître : « *Une liaison avec un esprit étranger et senti comme étranger est la conscience d'une dépendance à son égard ; comme l'amour de la communauté d'une part s'était dépassé lui-même, dans la mesure où il s'étendait à tout un ensemble d'hommes, et que d'autre part, certes il se remplit dès lors d'un contenu idéal, mais qu'il y perdit en vie, l'idéal non rempli de l'amour fut pour elle un positif, elle le reconnaissait comme opposé à elle et se reconnaissait comme dépendante de lui ; dans son esprit demeurait la conscience d'être un disciple, et la conscience d'un seigneur et maître* ». Voir G.W.F Hegel, *op.cit.*, p. 329, et édition

besoin et de dépendance, au lieu d'un rapport d'amour, d'où leur impossibilité de bâtir une réconciliation avec la vie[119]. Bernard Bourgeois commente la tendance de la

---

originale, *op.cit.*, p. 411. Il se peut que nous trouvions dans ces pages, les racines de la thématique du maître et du serviteur de la *Phénoménologie de l'esprit*.

[119] Il faut également se référer à une autre thématique concernant les premiers écrits de l'époque de Francfort, qui se rapporte à notre questionnement général sur l'aliénation. Hegel conçoit la réconciliation de l'individu, en termes d'une vie brisée qui doit se retrouver et se réconcilier, à la fois avec elle-même *et* avec l'universel (le destin). Selon Hegel, dans le destin l'homme est censé de sentir ce qui est perdu et regagner *« ce qui lui était autrefois amical »* et proche (il se peut que le penseur allemand se réfère à la Grèce antique indirectement, lorsqu'il parle de la nostalgie de la vie perdue). Hegel de la jeunesse et Hegel de la maturité se retrouvent sur le fait qu'ils optent pour la réconciliation de l'homme et du monde. Pourtant, dans les deux périodes, Hegel donne des réponses fort différentes en ce qui concerne le sentiment d'intégration de l'individu ou de la conscience de soi dans le monde, et la possibilité de mettre fin à l'aliénation. Dans la première, une réponse plus théologique est formulée au sens de la fin de la distance entre l'homme et Dieu et dans le cas de la *Phénoménologie de l'esprit*, Hegel va concevoir l'aliénation, comme processus infini d'affirmation de la conscience dans de contenus extérieurs à elle, à travers la négation. Or, l'aliénation dans les écrits théologiques de Francfort est assez actuelle. Les rapports aliénés avec la vie, avec soi-même et avec Dieu sont présentés comme récupérables, bien qu'il s'agisse de quelque chose dont l'être humain a été auparavant privé, qu'il souhaite retrouver et pour laquelle il ressent toujours de la nostalgie, afin de soigner la lésion de sa vie perdue. Cette perte de la vie et la nostalgie vécues par l'individu, nous mènent à se demander si un être aliéné est un être qui a perdu un certain rapport à soi-même antérieurement acquis, au monde et aux autres. Est-ce que l'aliénation est une sorte de perte d'une identité, de quelque chose que nous possédions ? Est-ce que forcément sommes-nous aliénés, lorsque nous nous mettons en contact avec le réel et le monde ? Est-ce que l'aliénation consisterait à la perte d'une identité, ou à la perte d'un rapport avec le monde ? Cette question est associée au problème d'une essence ou d'une nature que l'homme est obligé d'abandonner, lorsqu'il se met en contact avec ce qui lui est étranger ou ce qu'il pense lui être étranger et l'éprouve comme une souffrance.

pensée hégélienne à Francfort, de réconcilier la vie totale par l'amour de la façon suivante :

> *La réflexion, à laquelle Hegel identifie alors* toute *philosophie, proclame ainsi son insuffisance et pose la religion de l'amour comme la conciliation de toute scission, comme l'actualisation de la liberté et du bonheur. C'est bien une telle religion de l'amour que Hegel va découvrir à Francfort dans ses études nouvelles du christianisme en son origine : l'esprit du christianisme n'est pas celui de la loi, mais de l'amour, accomplissement, dépassement de la loi aliénante. Le christianisme naît dans un climat d'aliénation, de séparation, qui n'est d'ailleurs pas sans analogie, par cette forme d'une existence aliénée, avec l'époque actuelle* (c'est Bourgeois qui souligne)[120].

Donc, Hegel à Francfort trouve la réponse au problème de la suppression des oppositions entre l'universel et le singulier, à la notion d'amour, critiquant à la fois les doctrines morales et l'obéissance casuistique aux lois. La fondation d'une vie pleine, qui dépasse ses propres blessures n'est pas effective selon Hegel, si nous adoptons la morale kantienne, à savoir la dépendance du particulier à l'égard de l'universalité et l'annexion de l'individu sous n'importe quelle condition à la loi. Il faut suivre le chemin opposé, insérer la loi dans la vie et non la vie dans la loi. Dans son effort d'agencer l'universel avec le particulier, de dépasser la logique du devoir-être kantien et de la vie non réconciliée avec elle-même, Hegel met en place le schéma de l'amour. La réconciliation avec le destin est possible par le moyen de l'amour. Car l'amour possède la force d'unir les différences. Plus précisément, il écrit sur ce sujet :

Est-ce que l'aliénation serait réductible à la crainte de toute différence et de toute altérité, qui provient d'un état de perte d'une vie authentique ? Les écrits de Francfort nous aident à mieux poser cette question, étant donné que nous nous forçons à comprendre le mouvement à travers lequel l'individu s'oppose aux éléments positifs et morts du christianisme et du judaïsme.

[120] B. Bourgeois, *op.cit.*, p. 31.

Dans l'amour, l'homme s'est retrouvé lui-même dans un autre ; parce qu'il est une unification de la vie, il présupposait la séparation, un développement, une multilatéralité formée ; et plus il y a des figures dans lesquelles la vie est vivante, plus il y a de points dans lesquels elle peut s'unifier et sentir, et plus intime peut être l'amour ; plus les relations et les sentiments des amants sont étendus en multiplicité, plus l'amour se concentre dans l'intimité, et plus il est exclusif, plus il est indifférent à d'autres formes de vie ; sa joie se mêle à toute autre vie, la reconnaît, mais se retire dans le cas d'un sentiment d'individualité, et plus les hommes sont individualisés par leur formation et leur intérêt, dans leur rapport au monde, plus chacun a quelque chose de propre, et plus l'amour se limite à lui-même[121].

Donc, l'amour est le moyen d'unification de la vie, de se retrouver soi-même dans une altérité, ainsi que de supprimer la positivité. C'est le fait d'accepter la différence comme moment de l'unité. Il est le mouvement de différer et de nier la différence, positionnement de la vie comme unité de la différence et de l'identité. Pour Hegel, l'homme maintient son être à travers l'amour, comme rapport et unification avec autrui. Autrement dit, grâce à l'amour l'individu est capable à la fois de se donner à autrui, de s'aliéner et revenir en lui-même, puisqu'il s'agit d'un mouvement d'unification et d'harmonie avec le monde, entre le particulier et l'universel. Le particulier ne se supprime pas complètement dans l'universel et dans l'altérité, mais il

---

121 G.W.F Hegel, *op.cit.*, p. 312 et édition originale, *op.cit.*, p. 394-395. Insistons brièvement sur la phrase suivante de l'extrait cité : « *et plus il y a des figures dans lesquelles la vie est vivante, plus il y a de points dans lesquels elle peut s'unifier et sentir, et plus intime peut être l'amour* ». À partir de ce texte, nous pouvons formuler la thèse selon laquelle, il y a chez le jeune Hegel une distinction entre les *formes de vie vivantes*, à savoir celles qui permettent l'affirmation et l'épanouissement de l'être vivant et celles qui le pétrifient et le transforment en un être positif.

devient un avec elle et en elle. L'individu ne vit plus dans la contradiction avec l'universel, mais dans l'unité.

Cette conception produite pendant la période de Francfort, est d'une certaine façon une des premières énonciations du mouvement dialectique que nous allons revoir dans la *Phénoménologie de l'esprit.* Grâce à l'amour, *l'être particulier peut se retrouver dans un autre, soit sa réalisation existe uniquement à l'intérieur de l'altérité.*

Bernard Bourgeois éclaire le rôle de l'amour pour l'élaboration ultérieure du système philosophique de Hegel. D'après Bourgeois, il s'agit de la première expression de quelque chose de fondamental pour la philosophie hégélienne : « *L'amour est la première manifestation de l'*universel concret – *identité de l'identité et de la différence – dans la réflexion hégélienne, l'anticipation de ce qui sera désigné plus tard comme* l'esprit. *L'esprit de l'amour, c'est d'être esprit* »[122]. L'amour est le seul moyen de vaincre la séparation, aussi bien que la loi et la positivité de la religion chrétienne, afin d'instaurer une réalité libre, de réconcilier la vie avec elle-même et avec les institutions politiques de la cité :

> *C'est donc l'amour qui paraît accomplir alors, pour Hegel, ce qui sera plus tard l'œuvre du concept, la réconciliation de la scission, l'identification de l'identité et de la différence, l'unification de l'universel et du particulier, la suppression concrète de l'aliénation. A Francfort, Hegel désigne ainsi par les concepts d'amour, de vie, et d'esprit aussi (mais le caractère anti-conceptuel de l'esprit lui fait alors privilégier le terme de vie par rapport à celui d'esprit), la réalisation du désir de liberté ou de bonheur qui est en lui depuis toujours*[123].

[122] B. Bourgeois, *op.cit.*, p. 64.
[123] *Ibid.*, p. 65.

À vrai dire, l'explication de Bernard Bourgeois peut bien concerner les pages que nous avons commentées au sujet de la différence entre le châtiment, la loi et le destin. La réconciliation dans les cas de la loi et du châtiment reste impossible et extérieure, car l'universel et le particulier ne se rapprochent pas l'un de l'autre. La loi est quelque chose d'entièrement étranger au particulier, tandis que le destin présuppose une unité auparavant acquise entre le particulier et l'universel, harmonie détruite temporairement, mais qui a la possibilité d'effectuer la réconciliation.

Or, pour Hegel le particulier ne peut pas exister, se déchirer et se réconcilier avec l'objectif tant qu'il ne s'oppose pas à l'universel, et tant qu'il ne se différencie pas de lui afin de pouvoir finalement s'unir. Nous avons alors affaire à la première ébauche de Hegel, qui aboutira quelques années plus tard à un idéalisme absolu conséquent et à sa conception de l'identité entre le sujet et la *chose*, comme processus de réalisation de la conscience de soi, qui doit sortir d'elle-même et se poser face à un objet. Pour le jeune Hegel, l'amour permet ce processus d'unification des opposés et des différenciations, ou il est l'unification de la différenciation et ce qui incite de se retrouver dans l'altérité. Sans l'existence de l'objectif et de l'altérité, l'opposition et de même l'unité qui supprime le déchirement ne peuvent pas être déployées. Selon Bernard Bourgeois :

> *Or, en réalité, cette altérité est l'altérité selon laquelle* se *déploie* l'unité, *ce qui signifie que le particulier qui vit comme autre le particulier qui lui fait face et, par conséquent, l'universel qui constitue leur lien, fait toujours l'expérience de l'*identité *avec lui-même de cet* Autre, *d'une identité obéissant à la loi de la différence, de l'altérité où elle se déploie, c'est-à-dire d'une identité de domination du particulier par son universel, l'expérience du* destin. *En aimant cet Autre apparent, c'est-à-dire en se déprenant de sa*

propre altérité par rapport à lui, le sujet qui se retrouve en lui parce qu'il se retrouve dans les autres où le Même qui se donne pour l'Autre se déploie, fait disparaître l'altérité apparente de l'universel et se réconcilie avec lui. L'amour est donc, d'après les textes hégéliens de Francfort, ce par quoi le particulier consent en l'intériorisant au processus de la vie universelle, il est l'élément dans lequel la vie existe en tant qu'esprit et n'est plus un destin extérieur pour l'esprit particulier. Bref, l'amour est l'assomption de la vie par l'esprit, le destin, sa non-assomption[124].

Ainsi, l'amour permet l'intériorisation du destin par le particulier et la réconciliation de l'individu avec la vie et l'extériorité, sans être obligé de passer par l'obéissance à la morale des commandements. À Francfort, Hegel avait conçu le problème des rapports du sujet et de l'objet – dans les limites de sa critique de la religion chrétienne et de son espoir d'une réappropriation de la liberté contre l'aliénation politique/religieuse –, essayant de réfléchir sur le renversement de la division comme aliénation et concevant la vie, non comme lieu d'exercice d'une domination, d'une loi et d'un déploiement d'une blessure en tant que perte de la vie, mais comme possibilité d'unité entre la subjectivité et la totalité.

En outre, ce que Hegel pose comme problème philosophique et historique majeur, pendant la période de Berne et encore plus de Francfort, est le rapport de l'individu avec l'objectivité, avec le monde créé par l'être humain. Au cours de ces deux périodes, ce rapport est conçu comme une distance érigée entre l'individu et le monde, remplie par la présence du judaïsme et du christianisme comme exercice d'une tyrannie aussi bien que d'une dégénérescence morale sur les croyants, et comme conflit de l'objectivité inerte et de la positivité morte avec la subjectivité vivante. Pour le jeune Hegel, le noyau de la question consiste au fait que le destin *apparaît*

---

[124] *Ibid.*, p. 65-66.

à l'être humain comme étranger, tandis qu'il est au fond ce que l'homme est en tant que rapport entre le particulier et l'universel. En d'autres termes, le destin pour Hegel à Francfort est la réalité effective de l'être humain, son rapport avec sa propre existence, la nature et le divin.

D'autre part, l'amour est la seule force qui puisse concilier l'homme avec le monde, cette totalité qui lui est constamment opposée. Plus concrètement, l'amour est aux yeux de Hegel le chemin qui mène à une réconciliation avec le destin. Ce que l'homme aperçoit comme séparé et en pleine division, n'est pas son destin. Ce dernier paraît à l'homme comme la vraie altérité, mais en réalité c'est sa propre vie qui vit comme une absence et une perte. Donc, Hegel à Francfort présente une idée assez intéressante et proche selon nous, du concept d'aliénation de la *Phénoménologie de l'esprit*, même si l'écart entre ces deux développements philosophiques est considérable. En fait, la vie devient hostile et étrangère à elle-même et le particulier ressent son propre destin comme une altérité, bien que ce soit essentiellement la vie elle-même qui lui est opposée. L'homme apparaît comme l'être, qui dans certaines conditions historiques se sépare de tout destin. Hyppolite écrit les lignes suivantes au sujet de l'altérité et de l'étranger dans la période de Francfort :

> *Cette vision tragique du monde auquel le christianisme n'échappe pas, puisqu'en fuyant toutes les modalités finies de la vie, il se condamne à une séparation, et donc reconnaît ce qui est autre, ce qui est étranger, nous la trouvons particulièrement développée chez Hegel à la fin de cette période de Francfort*[125].

D'après le jeune Hegel, l'homme se pose toujours devant le dilemme de la résignation avec la réalité et le destin injuste, ou de combattre afin de se faire reconnaître.

---

[125] J. Hyppolite, *op.cit.,* p. 62.

Il est constamment séparé, mais cette séparation est la seule voie à travers laquelle peut faire sien, s'approprier ce qui lui est étranger et se réconcilier avec le destin. La réconciliation est uniquement effectuée, par la reconnaissance de la part de l'homme de son propre conflit avec l'extériorité et par le biais du conflit avec le monde, qui lui est devenu étranger. Hegel à Francfort pense que Jésus était celui, qui a pu surmonter et supprimer l'extériorité hostile et se réapproprier le destin, par l'intermédiaire de l'amour. Le jeune penseur essayera dans *L'esprit du christianisme et son destin*, de réconcilier et de synthétiser les antithèses, la subjectivité vivante avec l'universel infini. Cette tâche de la réconciliation de l'être humain avec le monde aliéné et la vie, est accomplie pendant la période de Francfort dans le cadre de la critique de la religion et de l'élément positif manifesté dans l'histoire du judaïsme et du christianisme, tandis que dans sa pensée mature cette vision sera achevée par la philosophie spéculative.

Hegel à Francfort reconnaît cette possibilité de réconciliation entre le fini et l'infini, principalement dans la sphère de la religion. Une vie réconciliée signifie l'interconnexion entre l'universel et le particulier, ou la possibilité pour l'individu de se retrouver dans le Tout et l'Universel, comme par exemple c'était le cas historiquement dans la Grèce antique, où la vie politique n'était pas séparée de la vie religieuse. Cette situation est manifeste tant dans l'histoire du peuple juif, que dans la décadence des cités antiques et l'avènement du christianisme, formations et périodes historiques pendant lesquelles le fini est séparé de l'infini. L'individu dans le judaïsme et le christianisme cherche l'unité dans un Autre, dans un au-delà séparé de lui, dans un être divin scindé de l'homme et dans des liens formés dans la contrainte et la nécessité. En d'autres mots, il s'agit de religions positives parce qu'elles séparent, au lieu de relier l'homme avec la nature, le divin et la vie communautaire. L'élément le plus intéressant est que selon Hegel, ces trois aliénations ont un point en commun, à savoir que finalement elles séparent l'homme de son propre être.

Épilogue sur la période de Francfort et la positivité

Nous voulons à présent conclure sur la période de Francfort et en général sur la pensée de Hegel jusqu'en 1800. Nous nous intéresserons brièvement à la question de la réalisation de la liberté, au problème de la réconciliation avec un monde étranger aussi bien qu'à la thématique de la positivité. Nous avons pu constater que le principal objectif du jeune Hegel est la réalisation de la liberté, tant au plan religieux qu'au plan politique. Cela peut être effectué par la suppression de toutes les oppositions, face auxquelles l'homme se confronte dans son existence publique ou privée, c'est-à-dire que la vie profane et politique doit être unifiée avec l'existence spirituelle et religieuse. Mais, le modèle pour Hegel n'est plus comme à Tübingen ou à Berne, la cité grecque :

> *[...] mais un Etat dont le contenu rationnel doit être déterminé dans le cadre de la vie moderne : cette détermination sera présentée dans les œuvres de Iéna, qui s'efforceront de construire un nouveau « divin terrestre ». Cependant, la reconnaissance du cours du temps n'est pas seulement la reconnaissance des* différences *historiques qui apportent une limite au vouloir humain (par exemple l'exclusion de toute tentative de restauration de l'ancien), le cours du temps n'est pas seulement une condition* négative. *En effet, Hegel va lui reconnaître explicitement une efficience* positive *en saisissant l'histoire comme un processus créateur d'*auto-différenciation *de soi*[126].

La notion de réconciliation qui semble traverser toute la philosophie hégélienne, présuppose certaines idées déjà existantes qui mèneront à la formation de la méthode dialectique de la maturité. Les points les plus importants sont certains rapports établis, entre la philosophie et une certaine vision de l'histoire humaine et de la société,

---

[126] B. Bourgeois, *op.cit.*, p. 105.

formée graduellement par Hegel. Le premier point consiste à la compréhension par le penseur allemand, que cette séparation de l'être humain de la nature, de sa communauté et de sa propre vie, est le produit du processus humain et des transformations historiques. Hegel est bel et bien conscient du fait que d'autres sociétés ont existé, où les rapports humains avec la nature, la vie religieuse et politique ne se formaient pas exclusivement sur la contrainte, dans un rapport d'hostilité avec ce qui entourait l'homme, et que tantôt le despotisme subi tantôt la séparation ressentie par les individus, ont des racines historiques très spécifiques.

Le christianisme et la positivité chez Hegel, bien qu'ils se rapportent à une transcendance, sont les produits d'un processus historique de déchéance et de domination sur l'homme de forces que lui-même avait initialement engendrées, et lesquelles ensuite se retournent contre lui-même. Cela est le point que nous devons retenir des écrits de Tübingen et beaucoup plus, de Berne et de Francfort, c'est-à-dire que l'histoire humaine est le fruit des actions des êtres humains qui finissent par s'opposer à eux-mêmes, les priver de leur liberté et les mener à une décadence morale et spirituelle (à cause de la positivité et de la perte des individus dans l'objectivité). Ainsi, Hegel développe un point qui est déjà présent dans la pensée politique de Rousseau – mais sous une autre configuration – comme lecture de l'histoire humaine en tant que liberté, perte de la liberté et reprise de la liberté, schéma que nous retrouverons chez Marx aussi[127]. Le point commun entre

[127] Cette compréhension de l'histoire humaine proposée par le jeune Hegel qui peut paraître abstraite, correspond – comme nous l'avons déjà mentionné – aux grandes périodes et crises historiques traversées par le monde occidental. Le monde antique dans lequel la liberté et l'union du subjectif et de l'objectif régnaient, décline avec le Moyen Âge et son despotisme politique et religieux. Néanmoins, la liberté

devient de nouveau une possibilité historique avec les Lumières et la Révolution française. Il faut mentionner ici, une analyse du dernier Lukács, même si le passage qui nous intéresse est long. Plus précisément, le philosophe hongrois se réfère à la position polémique de Marx vis-à-vis des critiques utopiques de l'aliénation qui anticipent une autre société, sans pourtant qu'elles comprennent le développement du présent historique dans sa complexité, raison pour laquelle ces visions utopiques sont vouées à l'échec. Lukács met alors en relief la conception marxienne de l'évolution de la religion chrétienne, en prenant l'exemple de Jésus. Néanmoins, l'analyse suivante bien qu'elle concerne Marx, elle a d'après nous un rapport étroit avec la vision historique du christianisme du jeune Hegel, que nous avons essayé plusieurs fois d'éclaircir. Ceci dit, nous pouvons trouver dans le texte de Lukács d'une part, certaines idées exposées dans son livre des années trente *Le jeune Hegel* et d'autre part, chose plus importante encore, l'accent mis sur l'importance de Jésus en tant que celui qui tente d'introduire un rapport non-aliéné entre les êtres humains et le divin, entre les êtres humains et le monde, thématique amplement investie comme nous avons pu le voir par Hegel. Mais, voyons ce que Lukács écrit : « *Quiconque a lu le* Nouveau Testament *sait que Jésus de Nazareth, sur un certain nombre de thèmes décisifs, va très au-delà d'une simple critique de l'aliénation dominante à son époque. Quand il conseille au jeune homme riche, qui respectait consciencieusement tous les commandements de son époque mais n'en était pas moins profondément insatisfait de sa propre vie, de distribuer sa fortune aux pauvres, il renvoie à l'évidence – même en restant dans les termes d'une éthique purement individuelle – à une généricité de type qualitativement plus élevée. Naturellement ces tendances n'empêchèrent pas le christianisme de devenir le soutien idéologique de l'empire romain tardif, puis du féodalisme, et enfin même du capitalisme. Cette tendance dominante, que le christianisme partage avec toute religion, ne doit cependant pas nous cacher les moments nouveaux dans l'ensemble de son évolution. La crise de l'économie esclavagiste, la disparition de la* polis *et avec elle, celle de l'éthique du citoyen, purent en effet donner lieu, dès ce stade de l'évolution sociale objective, à une première forme de l'individualité. Cela eut comme conséquence, pour toute la population, un pur et simple accommodement avec le donné social, mais conduisit dans l'idéal stoïque ou épicurien du sage à l'ataraxie, au précepte d'une conduite de vie qui, au sein d'une société totalement aliénée, s'efforçait, à partir d'elle-même, en méprisant les circonstances de*

Hegel et Marx, est que les produits du processus historique prennent vis-à-vis des hommes de la distance, en s'érigeant en des forces autonomes et séparées de l'être humain. Or, la différence capitale est que le jeune Hegel met en avant l'amour, pour construire l'unité de la vie et continue à croire à la nécessité d'une religion pour l'être humain, tandis que le jeune Marx critiquera *la religion comme un moment particulier de l'aliénation*, et il mettra en question *la totalité de la société bourgeoise*, sur les réalités de l'aliénation et de l'oppression d'une classe sociale par une autre, introduisant le facteur de l'économie dans sa compréhension de l'histoire humaine.

Donc, nous pouvons mieux saisir maintenant l'importance de la période de Francfort pour la réflexion hégélienne, si nous la concevons comme une critique théologique – critique théologique qui devient de plus en plus philosophique – de la vie sociale et historique de l'être humain, vie qui se trouve en pleine opposition avec elle-même. À Francfort, Hegel tente de dépasser la situation aliénante de l'être humain qui est centrale quant à lui, à savoir la division entre l'existence profane et sociale

---

réaliser la relation authentique entre l'homme singulier et le genre humain. Avec une certaine exagération – et en sautant les médiations – on pourrait peut-être dire : avec Jésus de Nazareth, cet idéal aristocratique d'une vie de sagesse sublime devient une revendication démocratique quotidienne, une revendication dont la réalisation générale était bien entendu d'emblée impossible ». Voir G. Lukács, *Prolégomènes à l'ontologie de l'être social*, p. 275. Ainsi, lorsque le philosophe marxiste parle de l'adaptation du christianisme à la réalité sociale-historique de son temps et du déclin de la cité antique (*πόλις*), nous ne pouvons pas ne pas nous rappeler les analyses de Hegel (voir par exemple sur cette question, l'extrait cité de Hegel à la page 58 de notre texte). Autrement dit, nous considérons que ce passage du dernier livre de Lukács qui analyse la conception marxienne, est au fond influencé *aussi* par la vision hégélienne de l'histoire du monde occidental et plus particulièrement du christianisme.

de l'individu d'un côté, et de la religion de l'autre. Les concepts d'amour et de vie servent à Hegel, comme moyens d'unification et de suppression de la désunion.

*

Plus spécialement, dans le *Fragment du système* de 1800, Hegel exprime cet effort de dépassement des scissions internes de la vie et de réconciliation avec l'être et la mort, s'orientant essentiellement vers la construction de sa propre dialectique. En fait, dans cet écrit où sa méthode dialectique est formulée d'une façon beaucoup plus distincte, Hegel traite des questions de la vie et des rapports multiples que l'être humain entretient avec la totalité ou en d'autres termes, avec l'objectivité. Le passage qui va nous concerner est le suivant :

> « *Bien que le divers ne soit plus posé comme tel ici, mais se présente en même temps comme entièrement lié à l'esprit vivant, comme vivifié, comme un organe, quelque chose est exclu par ce fait : l'élément mort ; il en résulte une incomplétude et une opposition. En d'autres termes, quand on pose le divers uniquement dans sa liaison avec l'esprit, comme organe, l'élément même de l'opposition se trouve exclu. Or la vie ne peut pas être considérée uniquement comme union, comme relation. Elle se présente aussi comme opposition. Si je dis qu'elle est liaison de l'opposition et de la relation, on peut de nouveau isoler cette liaison elle-même et objecter que la liaison s'oppose à la non-liaison. Je devrais donc m'exprimer de la sorte :* la vie serait la liaison de la liaison et de la non-liaison »[128].

[128] Cité par G. Lukács, in *op.cit.,* p. 360. La dernière phrase est soulignée par Lukács. Citons-la également en allemand : « *Ich müßte mich ausdrücken, das Leben sei die Verbindung der Verbindung und der Nichtverbindung, d.h* ». Voir G.W.F Hegel, *Frühe Schriften*, Werke 1, p. 422. Reprenons une partie de l'éclairante analyse de

Essayons de faire un bref commentaire de ce fondamental pour la philosophie hégélienne ultérieure, mais évidemment très complexe extrait. Il nous sera nécessaire afin de mieux évaluer l'évolution de la critique de la positivité, élaborée par le jeune Hegel. Outre ceci, nous pourrons mettre en évidence la mutation de sa pensée, pendant la période de Francfort[129]. Ainsi d'après ces lignes, le divers ne peut se cantonner au seul domaine de l'esprit. Car, quand cette limitation a lieu ce qui résulte est la négation de la centralité de l'opposition, qui détermine le mouvement de la vie. L'opposition est à vrai dire ce qui traverse l'être vivant dans sa multiplicité, et elle est ce qui détermine la vie elle-même[130]. Pour Hegel, elle est au cœur des choses. En un premier sens, le

---

Lukács, concernant cet extrait : « *Il est clair que nous avons déjà devant nous la forme développée de la dialectique hégélienne, l'approche de la contradiction comme principe le plus profond de toutes choses et de leurs mouvements, conception par laquelle Hegel a dépassé tous ses prédécesseurs. Par contre, la démarche qui se contente de supprimer simplement les contradictions dialectiques vers une sphère – immanquablement imprégnée de religion – dans laquelle elles s'éteignent de façon complète et définitive (comme c'est le cas chez Schelling). Dans l'approche de Hegel, le caractère contradictoire apparaît comme le principe vivant et moteur ; il ne peut absolument pas être supprimé définitivement, mais se reproduit toujours lui-même à un niveau supérieur du processus* ». Voir G. Lukács, *op.cit.*, p. 361.

129 Il faut mentionner le fait capital, que pour Hegel du *Fragment du système*, la réflexion et la philosophie ne sont pas capables de réaliser la « liaison » et la réconciliation. La liaison, l'union et réconciliation ne peuvent pas rester abstraites. Donc, cette tâche revient clairement dans cette phase de la pensée hégélienne à la religion. Voir sur cette question le commentaire de Bernard Bourgeois, in *op.cit.*, p. 26-28.

130 Hegel dans la période d'Iéna, remplacera la notion de vie par celle du *concept*. Le concept sera ce qui réconciliera et réunifiera l'être avec la pensée. En ce sens, la philosophie pour Hegel à partir d'Iéna devra être conceptuelle, position qui sera maintenue tout au long de son parcours intellectuel.

Fragment du système considère la vie comme l'ensemble dynamique des contradictions, le ferment des continuités et des discontinuités, de ce qui est identique et de ce qui est différent. En un second sens, la vie est ce qui rend possible l'unité et la coexistence des liaisons et des non-liaisons, dans leur mouvement constant[131].

En fait, l'auteur de *Fragment du système* conçoit la vie, d'une part comme l'ensemble de la liaison de la liaison et de la non-liaison et d'autre part, comme la possibilité de reconnaître la finitude du sujet et son extériorisation dans la multiplicité de l'être. Cela implique la reconnaissance de la part du sujet, que l'extériorisation et son contact avec l'être passe par le biais de la finitude aussi bien que de la mort. Du fait que la vie est profondément associée à l'extériorisation constante et nécessaire de l'être humain dans le monde, l'homme est poussé à reconnaître qu'au centre de la vie existe la mort et qu'au centre de la réconciliation, il y a l'opposition et la séparation.

De là, nous constatons que Hegel met très tôt au centre de sa réflexion sur la religion, la possibilité de libérer la subjectivité humaine des effets nocifs de la positivité, ainsi qu'une compréhension de l'être humain comme le synonyme d'un processus de sortie de soi-même, comme rapport avec la finitude, comme scission avec le monde déchiré/divisé et comme réconciliation

[131] Nous considérons que ce n'est pas le hasard, si Hegel emploie dans le passage qui nous intéresse le mot « *Verbindung* », traduit en français par « *liaison* ». Nous voulons dire par là, qu'en utilisant le terme *Verbindung* (en allemand le préfixe *ver-* signifie le changement d'état ou la transition vers un autre état) Hegel veut mettre l'accent sur le mouvement en tant que principale modalité de la vie. Le jeune penseur conçoit la vie comme ce mouvement incessant, qui rassemble et concilie l'unité et la non-unité.

avec l'être multiple et opposé[132]. La vie représente aux yeux de Hegel, la totalité, la fin des antinomies, l'unification du particulier avec l'universel et du multiple avec l'un, mouvement de suppression et de dépassement de la « vie perdue » et aliénée. Seulement que la réponse donnée à cette aliénation et à ce processus complexe, varie selon la période et l'étape de la réflexion hégélienne. Jusqu'à la fin des années 1800, Hegel pensera cette réunion entre la conscience humaine, l'être et la religion positive, sous les termes d'amour et de vie, tandis qu'à partir d'Iéna et comme le dira dès le début de la *Philosophie de l'Esprit*, c'est à l'esprit d'effectuer « *le mouvement selon lequel l'*étant *devient l'universel pour l'esprit ou le mouvement selon lequel l'esprit rend l'étant universel, le pose comme ce qu'il est* » (c'est Hegel qui souligne)[133].

À Francfort, Hegel conçoit la vie comme dépassement de l'aliénation et comme possibilité de

---

[132] Marcuse disait sur la naissance précoce de la thématique du monde déchiré, dans les écrits théologiques de Hegel : « *Hegel rattache ici l'institution de la propriété au fait que l'homme en est arrivé à vivre dans un monde qui, bien que façonné par son savoir et son travail, n'est pourtant plus le sien et contrecarre ses aspirations intimes ; c'est un monde étranger soumis à des lois inexorables, un monde « mort » lésant la vie humaine : les* Ecrits théologiques de jeunesse *présentent ici la première élaboration du concept* d'aliénation *qui va jouer un rôle décisif dans le développement ultérieur de la philosophie hégélienne* ». Voir *Raison et révolution, Hegel et la naissance de la théorie sociale* [1941], p. 81, présenté par Robert Castel, traduit par Robert Castel et Pierre-Henri Gonthier, Les Éditions de Minuit, Paris, 1968.

[133] G.W.F Hegel, *La Philosophie de l'Esprit de la* Realphilosophie, p. 11, traduit par Guy Planty-Bonjour, PUF, collection « Épiméthée », Paris, 1982 et édition originale *Jenaer Systementwürfe III, Naturphilosophie und Philosophie des Geistes*, p. 17, Neu herausgegeben von Rolf-Peter Horstmann, Felix Meiner Verlag, « Philosophische Bibliothek », Hamburg, 1987.

réconciliation finale entre l'homme et le monde opposé et étranger, ou comme liaison de la liaison et de la non-liaison. Chez le jeune Hegel, l'amour et la vie comme négations du déchirement sont la réplique au développement et à l'extension du rapport positif de l'être humain avec la nature, la communauté et Dieu. Ces relations ont été mutilées et transformées en des *choses mortes*, sans vie, pétrifiées, parce que l'être particulier avait précisément perdu son rapport avec ces choses, devenant à son tour un être privé, concevant son rapport avec le monde à travers un Dieu transcendant. Il est alors possible de comprendre cette triple séparation comme une situation, dans laquelle l'existence et l'extériorisation des individus ne s'accordent et ne coïncident plus avec les choses, auxquelles ces individus se rapportent. Autrement dit, Hegel décrit la positivité comme la cause d'une aliénation et d'une extériorisation, d'une mise en contact fausse et distordue des êtres humains avec le monde[134]. Mais, le souci de dépasser l'opposition et l'aliénation, sera aussi central pour la pensée hégélienne de la maturité, néanmoins ce sera le savoir absolu en tant que réalisation de la philosophie et du concept (*Begriff*) qui devra à ce moment, effectuer cette transition et aucunement l'amour et la religion.

En somme, la critique de la positivité, articulée par le jeune Hegel dans *L'esprit du christianisme et son destin* insiste sur l'importance de la réunion des éléments opposés de l'être et bien plus, sur la nécessité de repérer les aspects faux de la vie[135]. La positivité est à vrai dire,

[134] Cette conclusion de Hegel, nous force à formuler la question suivante, bien qu'elle dépasse largement le cadre de notre propos : quel serait un rapport « sain » ou « normal » et une extériorisation « naturelle » de l'être humain dans le monde ?

[135] Sans doute, lorsque nous parlons « de la réunion des éléments opposés de l'être » nous simplifions jusqu'à un certain point, ce que

ces formes et ces forces de vie qui oppriment et contraignent l'être humain, étendant la « *séparation éternelle* » et la division, au lieu d'établir la liaison. Hegel décrit cette dimension fondamentale de la positivité dans l'extrait suivant de *L'esprit du christianisme et son destin* :

> *Une foi positive est celle qui, à la place de la seule union possible, établit une autre union ; à la place du seul être possible, pose un autre être ; qui donc unit les opposés d'une manière telle qu'ils sont certes unis, mais incomplètement, c'est-à-dire qu'ils ne sont pas unis eu égard à cela en quoi ils doivent être unis*[136].

Dès lors, nous pouvons mettre en perspective l'élaboration que le concept de positivité a subi, dès la période de Tübingen et jusqu'à Francfort. Ceci dit, il s'agit d'une notion critique qui s'est progressivement transformé et a considérablement évolué au cours des années 1790, dans la réflexion hégélienne. Dans les écrits de Tübingen, Hegel avait esquissé une critique des entités réifiées et mortes, imposées à l'être humain par la religion objective. À Berne le jeune Hegel prolonge sa critique de la positivité, mettant amplement l'accent sur l'asservissement et l'hétéronomie causés – accent beaucoup plus centré à présent sur l'aspect social et politique de ce phénomène – par l'élément positif qui domine le judaïsme, et le plus important pour le développement historique de l'histoire occidentale, la religion chrétienne.

Tandis que comme nous venons de le souligner, Hegel à Francfort conçoit le positif comme une réunion fausse et incomplète entre les êtres opposés. Pour dire les

---

Hegel a élaboré dans son *Fragment du système* et que nous avons tenté de mettre en lumière un peu plus haut. En fait, « la liaison de la liaison et de la non-liaison » pourrait être mieux comprise, en tant que le lien unificateur d'un tout qui s'auto-différencie inlassablement.

[136] Cité par G. Lukács, in *op.cit.,* p. 240.

choses autrement, la positivité est alors d'une part ce qui réalise la désunion, exprimant une irréconciliation entre le particulier et l'universel et d'autre part, elle est l'impuissance dans laquelle les êtres humains se trouvent de réaliser d'une façon immanente, une réconciliation entre eux et le monde[137]. Bref, la positivité consiste dans les écrits de Francfort à repousser inlassablement la réconciliation – tantôt individuellement, tantôt collectivement – dans un au-delà qui finalement n'a jamais lieu.

[137] Nous estimons que l'intérêt de Hegel dans ses écrits de la période de Francfort, pour la réconciliation et l'union est partiellement associé à un fait d'ordre biographique. Pendant le premier temps de son séjour à Francfort, le jeune Hegel renoue ses liens avec son ami et ancien condisciple Hölderlin, qui habite désormais aussi dans la même ville. Hölderlin dans *Hypérion* (le premier volume de ce roman sera édité en 1797 et le second en 1799) va réfléchir, d'une façon originale et poétique sur la thématique de la double séparation de l'être humain « *d'avec la Nature et d'avec sa nature comme événement originaire et source du malheur* ». (Voir Stéphane Haber, *L'aliénation. Vie sociale et expérience de la dépossession*, p. 56, PUF, collection « Actuel Marx Confrontation », Paris, 2007. Plus particulièrement, Stéphane Haber dans les pages 52-56 de son livre avance l'idée que nous pouvons trouver dans *Hypérion*, une première formulation de la philosophie classique de l'aliénation). Mais, ce qui nous intéresse le plus à part la thématique de la souffrance causée par la séparation, c'est la centralité dans le grand texte de Hölderlin de la réconciliation, que l'homme peut atteindre seulement à travers la beauté et le renouvellement de sa relation à la Nature. Nous voulons dire par là, que Hegel lors de son séjour à Francfort a été probablement influencé, dans sa propre quête pour une réélaboration approfondie de la réconciliation par l'œuvre de Hölderlin.

*

De tout ce que nous avons tenté de mettre en perspective au sujet de la positivité chez le jeune Hegel, quelles idées sont-elles les plus importantes et les plus prometteuses théoriquement ? Premièrement, nous avons parlé à plusieurs reprises de l'affaiblissement, de la détérioration, de la dégradation et au bout du compte *de la privation des rapports d'affirmation que les êtres humains entretiennent avec leur propre existence, le monde des objets, la communauté humaine, la Nature et Dieu, dans les limites des religions dites positives, c'est-à-dire du judaïsme et du christianisme*. Nous sommes de l'avis que cette multitude de pertes, qui se présente dans l'histoire humaine et qui aboutit à des rapports d'asservissement, de contrainte et à la diminution de l'autonomie de l'individu, à savoir au monde de la positivité, constitue un apport théorique et philosophique hautement considérable de la part de Hegel[138].

Cette conception de l'auteur du *Fragment du système*, est profondément liée à la vision d'une objectivité sociale-historique immobile, pétrifiée et despotique, laquelle est imposée aux individus à l'encontre de leur volonté. La positivité a alors affaire à un autre élément capital de la pensée de Hegel, qu'il va amplement élaborer et approfondir par la suite à l'intérieur de sa philosophie de l'histoire. Plus exactement, nous avons suivi à travers la lecture de certains passages, la critique

---

138 Soulignons et précisons notre thèse : Hegel ne dit pas qu'à cause de la positivité, les êtres humains perdent toute forme de rapport, mais il pense que *certains rapports sociaux-historiques*, qui étaient originairement fondés sur la liberté et l'autonomie, ils sont dès lors gravement mutilés, limitant en réalité l'activité humaine à une obéissance.

que le jeune Hegel adresse au judaïsme et – ce qui nous intéresse encore plus dans ce cas – au christianisme.

En fait d'après Hegel, le christianisme est par excellence cette religion, dont l'évolution historique se trouve en désaccord total avec ses racines, ses intentions initiales et ses fins posées au tout début de sa formation. Cela dit, le christianisme peut être conçu comme la religion, qui ne parvient pas à atteindre et à accomplir ses objectifs : elle se transforme en quelque chose de négatif – non au sens hégélien du terme – en transformant également les êtres humains autant que leur activité, précisément en des *entités positives*. Nous estimons alors que lorsque le jeune Hegel étudie l'histoire du christianisme et porte de jugements très sévères sur plusieurs de ses aspects, ce fait l'amène à critiquer la positivité comme une manifestation historique, qui en se réalisant s'éloigne complètement de ses propres principes[139]. Donc, Hegel commence à concevoir – et c'est surtout grâce à la positivité – l'histoire humaine, comme un processus où très souvent les intentions, les désirs et les aspirations des êtres humains ne coïncident pas avec les résultats de leur activité.

---

[139] Le jeune Hegel reprend et enrichit une idée, déjà existante d'une certaine manière dans la philosophie grecque. Plus spécialement, Platon et Plotin aussi pensaient que lorsque les êtres entrent dans la réalité ou pour le dire autrement, quand ils tombent dans le monde et le temps, ils perdent leur essence et s'appauvrissent ontologiquement. Contrairement, Hegel à partir de la période d'Iéna et la *Phénoménologie* va considérer que la conscience et l'esprit peuvent exister et s'accomplir *uniquement dans le temps et dans l'histoire*. Leur entrée dans l'être historique et dans le temps est pour Hegel de la maturité, non un appauvrissement mais leur destin et bien plus, un enrichissement ontologique. Dit en d'autres termes, l'aliénation de la conscience dans le monde est un processus indispensable au déploiement et à la formation de l'esprit.

Toutefois, à part l'idée que l'histoire ne suit pas forcément les desseins et les passions des êtres humains, à savoir que les résultats de leur activité peuvent parfois être complètement opposés à leur volonté initiale, il y a une autre thématique extrêmement importante que nous trouvons dans les écrits du jeune Hegel et plus particulièrement, dans *L'esprit du christianisme et son destin*, et avec laquelle nous voulons terminer notre interrogation.

Dans l'extrait que nous allons citer, Hegel soutient l'idée que le monde (*κόσμος*) est essentiellement l'ensemble, ou mieux le tout des relations humaines[140], ainsi que – conception qui va parcourir le reste de la philosophie hégélienne – les multiples relations qui constituent le monde, les déterminations foisonnantes qui sont au cœur de l'être, proviennent en réalité de l'activité de l'être humain[141]. Néanmoins, lorsque le jeune Hegel conçoit le monde, comme il écrit caractéristiquement, en tant que l'œuvre (*Werk*) de la lumière de l'être humain (*ἀνθρώπου φωτός*) – ou de la lumière qui provient de l'être humain –, c'est-à-dire en tant que l'activité de l'être humain, il comprend l'homme comme un être qui déploie, développe, élabore son propre être.

En d'autres mots, les relations, les déterminations qui constituent le monde sont le produit et l'aboutissement de l'être humain qui est en train de se développer et de se

---

[140] Le terme « *Verhältnisse* » utilisé dans ce texte par Hegel, nous pouvons le traduire tantôt par « relations », tantôt par « liaisons ».

[141] Il ne faut pas certainement omettre de préciser que cet extrait de Hegel est bien situé dans une interrogation qui concerne Jean le Baptiste et le rapport qu'il entretient avec le tout, la vie et le monde humain (*Menschenwelt*). Pourtant, l'argument hégélien qui nous intéresse ici dépasse largement le contexte théologique, et il va par la suite déterminer sa philosophie de l'histoire.

déployer dans l'histoire, en produisant à vrai dire sa propre histoire. D'après le jeune Hegel, les relations qui forment l'être sont alors profondément liées à l'activité d'auto-formation et d'auto-développement de l'être humain. L'être est ainsi conçu comme le résultat historique de l'homme. Hegel écrit ceci :

> Bien que Jean n'ait pas été lui-même le φῶς [la lumière], quand même il l'était pour chaque être humain qui entrait dans le monde humain (κόσμος est l'ensemble des relations humaines et de la vie humaine, quelque chose de plus limité que πάντα [le tout] verset 3 et ὃ γέγονεν [de ce qui est devenu ou de ce qui s'est produit]). L'homme n'est pas φωτιζόμενος [éclairé], seulement quand il entre dans le monde ; le φῶς est également dans le monde lui-même, il [le monde] est entier, toutes ses relations, déterminations sont l'œuvre de ἀνθρώπου φωτός, de l'être humain qui se développe…{}. Le monde humain est son propre (ἴδιον) monde, le plus proche de lui, et ils [les êtres humains] ne le reçoivent pas, ils le traitent comme un étranger (*fremd*)[142].

Quoique les êtres humains considèrent le monde comme quelque chose d'étranger, Hegel dans l'extrait cité met en avant l'idée que le monde *est en même temps* le produit des êtres humains qui agissent. Pour le jeune penseur, la vie humaine est conçue à travers d'une part, la manifestation des relations entre le monde et les êtres humains et d'autre part, grâce au processus d'autoformation des êtres humains.

[142] G.W. F Hegel, *Werke 1, Frühe Schriften* [*Der Geist des Christentums und sein Schicksal*], p. 374-375 et notre traduction.

Bibliographie

Sources primaires

Hegel, Georg Wilhelm Friedrich, *La vie de Jésus,* précédé de dissertations et fragments de l'époque de Stuttgart et de Tübingen, textes réunis et coordonnés par Ari Simhon, présentés et traduits par Tatjana Barazon, Robert Legros et Ari Simhon, Librairie philosophique J. Vrin, collection « Bibliothèque des Textes Philosophiques », Paris, 2009.

-, *Werke 1, Frühe Schriften*, Suhrkamp Verlag, Theorie Werkausgabe, Frankfurt am Main, 1971.

-, *L'esprit du christianisme et son destin*, traduit par Jacques Martin, Librairie philosophique J. Vrin, Paris, 1971.

-, *La positivité de la religion chrétienne*, traduit par Guy Planty-Bonjour, PUF, collection « Epiméthée », Paris, 1983.

-, *Premiers écrits (Francfort 1797-1800)*, textes réunis, introduits, traduits et annotés par Olivier Depré, Librairie Philosophique J. Vrin, collection « Bibliothèque des Textes Philosophiques », Paris, 1997.

-, *Hegels theologische Jugendschriften*, édition présentée par Hermann Nohl, Tübingen, 1907.

-, *La Philosophie de l'Esprit*, traduit par Guy Planty-Bonjour, PUF, collection « Épiméthée », Paris, 1982.

-, *Jenaer Systementwürfe III, Naturphilosophie und Philosophie des Geistes*, Neu herausgegeben von Rolf-Peter Horstmann, Felix Meiner Verlag, « Philosophische Bibliothek », Hamburg, 1987.

-, *Système de la vie éthique*, traduit et présenté par Jacques Taminiaux, Éditions Payot, Paris, 1976.

-, *System der Sittlichkeit [Critik des Fichteschen Naturrechts], mit einer Einleitung von Kurt Rainer Meist, herausgegeben von Horst D.Brandt*, Philosophische Bibliothek, Felix Meiner Verlag, Hamburg, 2002.

-, *Des manières de traiter scientifiquement du droit naturel*, traduit et annoté par Bernard Bourgeois, Librairie Philosophique J. Vrin, collection « Bibliothèque des Textes Philosophiques », Paris, 1972.

-, *Phänomenologie des Geistes*, Philosophische Bibliothek, Band 414, Felix Meiner Verlag, Hamburg, 2006.

-, *Phénoménologie de l'Esprit*, traduit par Jean Hyppolite, tome I-II, Aubier, 1939-1941, Paris.

-, *Phénoménologie de l'esprit*, traduit et présenté par Jean-Pierre Lefebvre, GF Flammarion, Paris, 2012.

-, *Φαινομενολογία τοῦ νοῦ*, [*Phénoménologie de l'esprit*] μετάφραση Γιώργος Φαράκλας, Βιβλιοπωλείον της Εστίας, Αθήνα, 2007.

-, *Encyclopédie des sciences philosophiques en abrégé*, présenté, traduit et annoté par Bernard Bourgeois,

Librairie Philosophique J. Vrin, collection « Bibliothèque des Textes Philosophiques », Paris, 2012.

-, *Principes de la philosophie du droit,* traduit et annoté par Jean-François Kervégan, PUF, Paris, 1998.

-, *Grundlinien der Philosophie des Rechts oder Naturrecht und Staatswissenschaft im Grundrisse*, Werke 7, Suhrkamp Verlag, Frankfurt am Main, 1970.

-, *Ästhetik*, introduction par G. Lukács, Aufbau Verlag, Berlin, 1955.

-, *La raison dans l'Histoire : Introduction à la Philosophie de l'Histoire*, traduit et présenté par Kostas Papaioannou, Éditions 10/18, Paris, 2003.

-, *Encyclopédie des sciences philosophiques*, tome I : *La science de la logique*, traduit par Bernard Bourgeois, Paris, Librairie philosophique J. Vrin, Paris, 1970.

-, *Science de la logique*, première partie - La Logique objective, premier tome *La doctrine de l'Être*, version de 1832, traduction, présentation, notes par Gwendoline Jarczyk et Pierre-Jean Labarrière, Éditions Kimé, Paris, 2007.

Marx Karl, *Critique de l'économie politique, Manuscrits de 1844*, traduit et présenté par Kostas Papaioannou, Éditions Allia, Paris, 2007.

-, *Manuscrits économico-philosophiques de 1844*, traduits, présentés et annotés par Franck Fischbach, Librairie Philosophique J. Vrin, Paris, 2007.

-, *Marx-Engels Werke*, Band 40, Dietz Verlag, Berlin, 2012.

Études et commentaires

Bourgeois Bernard, *Hegel*, Éditions Ellipses, collection « *Philo-philosophes* », Paris, 1998.

-, *Le vocabulaire de Georg Wilhelm Friedrich Hegel*, Éditions Ellipses, collection « *Le vocabulaire de…* », Paris, 2000.

-, *Hegel à Francfort, Judaïsme, christianisme, hégélianisme*, Librairie Philosophique J. Vrin, collection « Bibliothèque d'Histoire de la Philosophie », Paris, 2000.

-, *Encyclopédie des sciences philosophiques, Hegel*, Éditions Ellipses, « collection *Philo-œuvres* », Paris, 2004.

Del Carmen Paredes Martín María, « La vie et l'amour dans la pensée de Hegel à Francfort », *Revue philosophique de la France et de l'étranger*, 2007/1 (Tome 132), p. 23-41. URL : http://www.cairn.info/revue-philosophique-2007-1-page-23.htm.

Dilthey Wilhelm, *Die Jugendgeschichte Hegels und andere Abhandlungen zur Geschichte des Deutschen Idealismus*, Berlin, 1905.

Dimitriou Konstantinos, *Η αλλοτρίωση και η αποξένωση στον Έγελο (1795-1807)*, [*L'aliénation et l'étrangement chez Hegel*], Master 2 obtenu à l'université Panteion, Athènes, 2016.

Haber Stéphane, *L'aliénation. Vie sociale et expérience de la dépossession*, PUF, collection « Actuel Marx Confrontation », Paris, 2007.

-, *L'Homme dépossédé. Une tradition critique, de Marx à Honneth*, CNRS Éditions, Paris, 2009.

Haym Rudolf, *Hegel et son temps*, traduit en français par Pierre Osmo, Gallimard, Paris, 2008.

Herceg Marc, « Le jeune Hegel et le problème de la fausse réconciliation. Essai sur la période de Berne (1793-1796) », *Archives de Philosophie*, 2005/4 (Tome 68), p. 637-662. URL : http://www.cairn.info/revue-archives-de-philosophie-2005-4-page-637.htm.

-, « Le jeune Hegel et la naissance de la réconciliation moderne essai sur le fragment de Tübingen (1792-1793) », *Les Études philosophiques*, 2004/3 (n° 70), p. 383-401. URL : http://www.cairn.info/revue-les-etudes-philosophiques-2004-3-page-383.htm.

Hyppolite Jean, *Genèse et structure de la Phénoménologie de l'Esprit de Hegel*, tomes I-II, Aubier, Paris, 1946.

-, *Études sur Marx et Hegel*, Éditions Marcel Rivière et Cie, Paris, 1965.

-, *Introduction à la philosophie de l'histoire de Hegel*, Éditions Marcel Rivière et Cie, Paris, 1968.

Kain Philip. J, *Hegel and the Other. A Study of the* Phenomenology of Spirit, State University of New York Press, Albany, 2005.

Lukács Georges, *La Théorie du roman* [1916], traduit par Jean Clairevoye, suivi d'*Introduction aux premiers écrits de Georg Lukács* par Lucien Goldmann, Éditions Gallimard, collection « Tel », Paris, 1989.

-, *Histoire et conscience de classe* [1923], traduit par Kostas Axelos et Jacqueline Bois, Les Éditions de Minuit, collection « Arguments », Paris, 1960.

-, *Le jeune Hegel. Sur les rapports de la dialectique et de l'économie*, tomes I-II, traduit de l'allemand et présenté par Guy Haarscher et Robert Legros, Éditions Gallimard, collection « Bibliothèque de Philosophie », Paris, 1981.

-, *Prolégomènes à l'ontologie de l'être social* [1971], traduit et présenté par Aymeric Monville, Éditions Delga, Paris, 2009.

Marcuse Herbert, *Raison et révolution, Hegel et la naissance de la théorie sociale* [1941], présenté par Robert Castel, traduit par Robert Castel et Pierre-Henri Gonthier, Les Éditions de Minuit, Paris, 1968.

Rohrmoser Günter, *Théologie et aliénation dans la pensée du jeune Hegel*, Éditions Beauchesne, Paris, 1970.

Rosenkranz Karl, *G.W.F. Hegel's Leben*, Berlin, 1844. *Vie de Hegel*, traduit en français par Pierre Osmo, Gallimard, Paris, 2004.

Shakespeare William, *Macbeth*, traduit par François-Victor Hugo. Traduction consultée in https://fr.wikisource.org/wiki/Macbeth/Traduction_Hugo.

-, *The Norton Shakespeare. Based on the Oxford Edition.* Édition préparée par Walter Cohen, Jean E. Howard et

Katharine Eisaman Maus. W.W. Norton & Company, Inc., New York, 1997.

Steiner George, *Les Antigones*, traduit par Philippe Blanchard, Éditions Gallimard, collection « folio/essais », Paris, 2004.

Table des matières

Introduction..11

La critique de la positivité dans les écrits de Tübingen et de Berne..17

A)1. L'énonciation de la problématique de la positivité et du déchirement de l'homme dans les écrits théologiques de la période de Tübingen..19

A)2. La période de Berne..34

A)3. *La positivité de la religion chrétienne* et la question de l'asservissement de l'être humain..48

Positivité, scission et destin dans les écrits de Francfort..77

B)1. La question de la séparation et de l'opposition de l'être humain au monde et à la communauté dans la période de Francfort (1797-1800) : *L'esprit du christianisme et son destin*..79

Épilogue sur la période de Francfort et la positivité..137

Bibliographie..153

Philosophie

aux éditions L'Harmattan

Dernières parutions

CITOYENNETÉ ET DÉMOCRATIE
Fleury Philippe
La citoyenneté, dans le monde gréco-romain, a de multiples sens, allant du cosmopolitisme (Diogène) aux lois d'Athènes (Socrate). La démocratie, née en Grèce, se métamorphosera jusqu'à s'imposer comme une évidence politique (Tocqueville). Mais depuis le XIXe siècle, ce modèle montre ses limites avec la globalisation. Elle se transforme sans cesse, avec la montée des populismes, le rejet des élites et des partis politiques. Soulignant de nouveaux enjeux contemporains, les nouvelles revendications citoyennes vont-elles bouleverser la démocratie actuelle ?
(Coll. Ouverture Philosophique, 13.00 euros, 112 p.)
ISBN : 978-2-343-12378-3, ISBN EBOOK : 978-2-14-004098-6

CONVERSION ET SPIRITUALITÉS DANS L'ANTIQUITÉ ET AU MOYEN ÂGE
Fattal Michel
Comment comprendre le phénomène particulier de la conversion au sein de différentes formes de spiritualités issues de milieux culturels et linguistiques variés ? Le présent ouvrage procède à une lecture philosophique et à une analyse précise de la notion de conversion dans la philosophie grecque païenne de Platon et de Plotin, dans certains textes fondateurs du judaïsme et du christianisme, chez le Pseudo-Macaire et chez Augustin d'Hippone, ainsi que dans la philosophie arabo-musulmane représentée par Al-Farâbî et Al-Ghazâlî.
(Coll. Ouverture Philosophique, 27.00 euros, 258 p.)
ISBN : 978-2-343-12582-4, ISBN EBOOK : 978-2-14-004303-1

PROBLÈME DE L'EXISTENCE
Kong Robert
Les guerres, les attentats, le terrorisme, la tuerie en séries, la prise du pouvoir par la force entraînant la désorganisation sociale, etc., sont des paradoxes qui affaiblissent l'existence humaine et son environnement. Ce livre est une philosophie de l'existence, un examen de conscience ou une expérience de l'absurde qui propose à l'homme du XXIe siècle le changement et une paix durable.
(Coll. Études africaines, 14.00 euros, 122 p.)
ISBN : 978-2-343-11756-0, ISBN EBOOK : 978-2-14-004136-5

RENÉ GIRARD, «COW-BOY TEXAN»
Au fil de ses exploits
Dubouchet Paul
L'esprit de René Girard, esprit de pionnier, d'aventurier, est celui d'un cow-boy qui ne se déplace jamais sans sa Bible sous le bras. À la Bible sont empruntés les plus beaux titres de ses livres. Cet ouvrage met en valeur les jalons d'un itinéraire qui reflète, du passé le plus lointain à l'actualité la plus récente, l'épopée tragique de l'espèce humaine. Sans jamais oublier la possibilité et l'espérance de son salut.
(Coll. Ouverture Philosophique, 18.50 euros, 176 p.)
ISBN : 978-2-343-12503-9, ISBN EBOOK : 978-2-14-004231-7

LA SATISFACTION DES ASPIRATIONS HUMAINES
Ce passage obligé vers la maturité dans la vie consacrée
Mwenge Ngoie Jean-Paul
La parcellisation de l'humain en une dimension immatérielle et matérielle a beaucoup d'impact dans la vie du sujet. Cette opposition entre les deux sphères constitue un véritable obstacle dans l'envol de l'homme vers la pleine réalisation, plombant carrément son élévation vers l'accomplissement plénier. Vu son impact dans ce processus, le vocable de maturité nous a permis de bien appréhender que devenir mature dans la vie consacrée repose sur la réponse aux besoins et aux aspirations humaines.
(20.00 euros, 194 p.)
ISBN : 978-2-343-12375-2, ISBN EBOOK : 978-2-14-004344-4

LE SENS DE LA VIE
De la monstruosité à la déité
Andrieu Gilbert
Chaque fois que nous voulons étudier la vie ou la mort, nous oublions que l'homme qui les étudie est aussi l'objet de ses études. Parce que nous voulons être responsables de tout, ne sommes-nous pas enclins à vouloir donner un sens à la vie ? L'Homme peut-il changer des comportements jugés monstrueux par des comportements vertueux ou divins ? Tout changement voulu peut-il dépasser le paraître et se répercuter sur le plan de l'être ?
(27.50 euros, 276 p.)
ISBN : 978-2-343-12351-6, ISBN EBOOK : 978-2-14-004088-7

VIOLENCE, CONSCIENCE, NON-VIOLENCE
Lorsqu'il se libère de la violence, l'être humain peut prendre son envol (nouvelle édition mise à jour)
Moal Philippe - Préface de Federico Mayor Zaragoza
L'auteur témoigne et analyse les *a priori* et les croyances qui permettent de justifier et légitimer la violence. L'intervention de la conscience permet d'aller à la racine de sa propre violence, engage à résister à ses différentes formes d'expression dans la société et incite à faire le choix de la non-violence qui est la générosité du cœur. La non-violence, c'est l'espoir, la non-violence, c'est la vie !
(18.00 euros, 182 p.)
ISBN : 978-2-343-12486-5, ISBN EBOOK : 978-2-14-004163-1

L'AMBIVALENCE DE LA MODERNITÉ
Habermas vis-à-vis de Derrida
Nabwani Khaldoun
Cet ouvrage revient sur la querelle philosophique autour de la question de la modernité qui a été animée dans les années 1980. À cette époque, certains penseurs allemands se sont mis à critiquer la pensée française d'après 68 en la qualifiant de postmoderniste. Jürgen Habermas critiqua sévèrement la déconstruction derridienne et les disciples de Derrida aux États-Unis. Critiques auxquelles ce dernier répondit sans jamais consacrer une contre-critique directe à Habermas (comme s'il n'accordait pas beaucoup d'attention aux attaques du philosophe allemand).
(Coll. Ouverture Philosophique, 30.00 euros, 296 p.)
ISBN : 978-2-343-12246-5, ISBN EBOOK : 978-2-14-003910-2

CE QUI PASSE
Pour une théologie plurielle
Maalouf Jihad
Quelque chose qui passe dans ce qui se passe… Un passant, malgré les impasses, s'en rend compte… Le passant devient passeur, parfois malgré lui, et laisse passer ce qui passe en et à travers lui… Vigilant et zélé, le passeur se dépasse dans ce qui se passe… On ne cesse d'entendre ce chuchotement, ce tressaillement intérieur, parfois tel un cri, à travers la passe des chapitres. Ceux-ci essayent de témoigner diversement d'une expérience spirituelle personnelle. L'ouvrage développe une théologie plurielle du passage. Une phénoménologie de la vigilance et du zèle s'en dégage au fur et à mesure de ce qui se passe.
(Coll. Théologie Plurielle, 14.00 euros, 122 p.)
ISBN : 978-2-343-12134-5, ISBN EBOOK : 978-2-14-003911-9

COMMENTAIRE DE *L'EUTHYPHRON* DE PLATON
Samb Djibril
Aux États-Unis, *L'Euthyphron* est un dialogue très prisé au point de servir d'introduction à des enseignements de logique. Ce morceau «logique» revêt également une dimension «théologique», dans la mesure où une tendance significative du commentarisme voit dans le dilemme l'expression d'un débat théologique général : le Bien est-il le Bien parce que Dieu le commande ou bien Dieu commande-t-il le Bien parce qu'il est le Bien ? Le but de ce travail est de combler le retard de la France par rapport au monde anglo-saxon dans le commentarisme de *L'Euthyphron*.
(Coll. Ouverture Philosophique, 46.00 euros, 462 p.)
ISBN : 978-2-343-11895-6, ISBN EBOOK : 978-2-14-004000-9

DELEUZE ET LE TEMPS
Bellos Stavroula
Face à la dispersion de la pensée, à cause et grâce aux nouvelles technologies, la puissance du temps de la pensée de Gilles Deleuze manifeste son actualité. Les objets virtuels des nouvelles technologies, par exemple, mais aussi l'ensemble des nouvelles technologies du numérique, nous forcent à repenser les notions

de mouvement, d'espace et de temps. Gilles Deleuze a donc conceptualisé une philosophie qui actualise la virtualité de la pensée.
(Coll. Philosophies-Artistes, 12.00 euros, 86 p.)
ISBN : 978-2-343-12033-1, ISBN EBOOK : 978-2-14-004049-8

LE DUALISME ANTIRÉALISTE ET SEMI-EMPIRIQUE DE BERNARD VIDAL
De l'*apeiron* d'Anaximandre aux maîtres de la quantique et à l'empirisme de van Fraassen
Kaltcharel Fallander
Bernard Vidal axiomatise l'Être, l'Indéterminé, en deux hypostases, métaphore athée du monothéisme trinitaire. Elles s'imprègnent, donnant le réel, dont l'esprit qui détermine l'Être en divers. Esprit et matière se forment l'un l'autre. Il n'y a donc pas d'en soi, pas de rationnel absolu, pas d'unicité du modèle en recherche : au terme de sa quête l'esprit se retrouve lui-même.
(Coll. Ouverture Philosophique, 28.00 euros, 284 p.)
ISBN : 978-2-343-12048-5, ISBN EBOOK : 978-2-14-003897-6

L'EMPIRE DU MÊME
Après la diversité
Rouget Patrice
Le processus industriel, qui introduit dans le monde naturel des choses d'un genre nouveau, les exemplaires, parfaitement identiques et interchangeables, est le signe et l'instrument d'une reconfiguration radicale de la nature, qui tend à la soumettre au principe du Même. Ainsi, l'évolution naturelle, comme source de nouveauté imprévisible, se trouve progressivement remplacée par l'innovation comme mode de devenir contrôlé.
(Coll. Ouverture Philosophique, 16.50 euros, 154 p.)
ISBN : 978-2-343-12174-1, ISBN EBOOK : 978-2-14-003948-5

EN MÉMOIRE DE GILBERT SIMONDON
Philosophe et psychologue français (1924-1989)
Jalley Emile
Gilbert Simondon (1924-1989) est un philosophe français qui appartient à la dernière génération, à l'articulation des années 1960, de ceux encore attachés au paradigme d'une démarche d'allure dialectique en philosophie (Bachelard, Merleau-Ponty, Sartre). L'ouvrage examine ici de ce point de vue les trois derniers titres parus de G. Simondon : *Sur la technique* (2014), *Sur la psychologie* (2015), *Sur la philosophie* (2016), avant de faire la revue des 17 ouvrages parus sur la pensée de G. Simondon entre 1993 et 2016.
(28.00 euros, 270 p.)
ISBN : 978-2-343-12222-9, ISBN EBOOK : 978-2-14-003891-4

L'HARMATTAN ITALIA
Via Degli Artisti 15; 10124 Torino
harmattan.italia@gmail.com

L'HARMATTAN HONGRIE
Könyvesbolt ; Kossuth L. u. 14-16
1053 Budapest

L'HARMATTAN KINSHASA
185, avenue Nyangwe
Commune de Lingwala
Kinshasa, R.D. Congo
(00243) 998697603 ou (00243) 999229662

L'HARMATTAN CONGO
67, av. E. P. Lumumba
Bât. – Congo Pharmacie (Bib. Nat.)
BP2874 Brazzaville
harmattan.congo@yahoo.fr

L'HARMATTAN GUINÉE
Almamya Rue KA 028, en face
du restaurant Le Cèdre
OKB agency BP 3470 Conakry
(00224) 657 20 85 08 / 664 28 91 96
harmattanguinee@yahoo.fr

L'HARMATTAN MALI
Rue 73, Porte 536, Niamakoro,
Cité Unicef, Bamako
Tél. 00 (223) 20205724 / +(223) 76378082
poudiougopaul@yahoo.fr
pp.harmattan@gmail.com

L'HARMATTAN CAMEROUN
TSINGA/FECAFOOT
BP 11486 Yaoundé
699198028/675441949
harmattancam@yahoo.com

L'HARMATTAN CÔTE D'IVOIRE
Résidence Karl / cité des arts
Abidjan-Cocody 03 BP 1588 Abidjan 03
(00225) 05 77 87 31
etien_nda@yahoo.fr

L'HARMATTAN BURKINA
Penou Achille Some
Ouagadougou
(+226) 70 26 88 27

L'HARMATTAN SÉNÉGAL
10 VDN en face Mermoz, après le pont de Fann
BP 45034 Dakar Fann
33 825 98 58 / 33 860 9858
senharmattan@gmail.com / senlibraire@gmail.com
www.harmattansenegal.com